**伪装不等于欺骗与隐瞒，其实伪装是一门艺术**

**但在现实生活中人与人交往之间的伪装更是一门高深的哲学**

# 伪装的哲学

## ——人与人相处的哲学

WEIZHUANGDE ZEXUE

任宪宝◎编著

台海出版社

**图书在版编目（CIP）数据**

伪装的哲学 / 任宪宝编著. -北京:台海出版社,2011.11

ISBN 978-7-80141-894-4

Ⅰ.①伪… Ⅱ.①任… Ⅲ.①人际关系学—通俗读物

Ⅳ.①C912.1-49

**中国版本图书馆 CIP 数据核字(2011)第 210651 号**

**伪装的哲学**

编　　著：任宪宝

责任编辑：刘　硕　　装帧设计：天下书装

版式设计：天下书装　　责任印制：蔡　旭

出版发行：台海出版社

地　　址：北京市景山东街 20 号　邮政编码：100009

电　　话：010-64041652(发行,邮购)

传　　真：010-84045799(总编室)

网　　址：www.taimeng.org.cn/thcbs/default.htm

E-mail：th-cbs@163.com

E-mail：thcbs@126.com

经　　销：全国各地新华书店

印　　刷：北京柯蓝博泰印务有限公司

本书如有破损、缺页、装订错误，请与本社联系调换

开　　本：170×240　　1/16

字　　数：200 千字　　印　　张：16

版　　次：2011 年 11 月第 1 版　　印　　次：2011 年 11 月第 1 次印刷

书　　号：ISBN 978-7-80141-894-4

定　　价：32.00 元

# 序言

伪装不等于欺骗与隐瞒，其实伪装是一门艺术，但在现实生活中人与人交往之间的伪装更是高深的哲学。在当今激烈的社会竞争压力下，经济发展的不可预知性和市场的不稳定性，使得围绕于办公室内外的资源争夺战愈来愈激烈。人类的生存压力已达到史无前例的地步。

人类的生存除了必备的专业知识和技能之外，培养良好的人际关系脉络和建立丰富的社会关系资源已经成为社会竞争的必备要求。如何运用合理的手段和技巧开拓人际交往潜力，协调、处理好各个领域和行业间的和谐关系，已成为人类谋生的重要手段之一。如此说来，每个人都不得不设法提高自身的洞察能力、交际能力、口才能力，努力提高自身的心理素质和综合素质。试问：如果没有高超的交际能力和技巧，没有丰富的心理学知识和心理素质，又如何能洞察别人的意图，做到知己知彼、对症下药而获得成功呢?

本书通过作者在国企、外企、民企等诸多企事业单位，近二十年的亲身经历和所见所闻，总结了丰富的处理人际关系的经验和教训。通过结合在西点学院、聚成、新起点等诸多企业管理咨询机构所受的相关培训，归纳了办公室内外常见疑难问题的解决方法，运用古今中外丰富的历史典故和现代商务、人事案例，通过活泼诙谐的语言向读者娓娓道出人与人交往间的微妙和处理技巧。其中蕴含许多伪装的哲理，发人深思，值得力图改善人际交往关系、提高办公行为能力之士学习和借鉴。相信本书能给予办公室的白领、管理工作者、应届毕业生等以启迪。

# 目录 Contents

## 第一章 成功背后的低调隐忍史

十年寒窗无人晓，一举成名天下知。千里之行始于足下，脚跟未稳，不可飞奔。想要成就一番事业就要耐得住寂寞，在平凡和苦难中历炼，打好坚实的基础。俗话说：留得青山在，不怕没柴烧。只有如此，才能在沉默中爆发。



## 第二章 笼络人心不如掌握人心

魏征曾上书告诫李世民，水能载舟，亦能覆舟。历史经验教导我们，得民心者得天下。这种感情投资的举措，前有古人后有来者，它不仅是古代政治家借以广揽人才的重要手段，也是我们现代社会商战中屡试不爽的良方。

## 第五章　让下属无条件服从提高效率

没有人理会你是如何成为王者或者败寇的,他们只会对你是否是王者感兴趣,做为领导管理者,应当由你去承担一切责任和后果。因此,管理的实质其实就是让你的下属听话,无条件服从,各司其职地做好你布置给他的工作。



## 第六章　先下手为强,进攻是最好的防守

消除障碍的最佳方法就是主动出击。在公关谈判和竞争中,将困难和危险加与对方,将容易和有利归于己方,就能达到克敌于无形的至高境界。许多公关高手都深知为达到目的应采取哪些手段和措施。

## 第七章　沟通的目的，是让对方认同你的观点

有些人说话很有鼓动性，说服力强；有些人说话深入浅出，能使你过耳不忘；有些人说话能让你如坐针毡，度日如年。在沟通中增加语言的说服力是一种技巧，它能使你成为一个有影响的社交活动家。



## 第八章　见鬼说鬼话——说谎的艺术和妙用

说谎是一把双刃剑，如果使用错误或者使用的过于频繁，不但会伤害到别人，也会伤害到自己。因此不要轻易使用谎言来解决所有的问题。不过，如果运用得当，适时适当的谎言在很多时候无疑是一剂良方。

## 第九章 四两拨千斤,巧解各种困境

为人者方寸一乱,可使他失去往日的智慧;为帅者方寸一乱,可使全军败亡覆灭。对于突如其来的险情或者是不速之客的质问,甚至是无理取闹者的要求,只需使用几种太极推手之法就能巧妙地将突来的危险化于无形。



## 第十章 强硬派的逻辑思维——发展才是硬道理

历史的经验告诉我们,强硬派往往比温和派更容易获得成功。虽然温和派往往都有才华,而有才华的人未必就能成功,他们缺乏的,往往就是强硬派身上所具备的强梁霸寇之气。

# 第一章 成功背后的低调隐忍史

十年寒窗无人晓，一举成名天下知。千里之行始于足下，脚跟未稳，不可飞奔。想要成就一番事业就要耐得住寂寞，在平凡和苦难中历炼，打好坚实的基础。俗话说：留得青山在，不怕没柴烧。只有如此，才能在沉默中爆发。

## 1. 韬光养晦，练就平常心

人生处世，总要先为自己找好安身立命之地。会做事不如会做人，根基未稳时记得保护好自己，否则初露锋芒也许会招来杀身之祸。“气人有，笑人无”这是普遍规律，不要由此招来别人的妒忌而成为被攻击的对象。聪明的人都知道留住青山。

深藏不露、锋芒毕露，比喻有才能的人不同的两种处事方式。这对用人者来说，前者难辨，后者易识。为此，前者往往被埋没，但有时也如南山之鸟，不鸣则已，一鸣惊人。何时能鸣？这要取决于周围条件，智者待时而动。到时，即使有人想阻拦，恐怕也难矣！在古代这种例子很多，下文所记南唐柴克宏，就属这样的人。

南唐和吴越相邻，两国之间时常为争城夺地发生冲突。后周世宗显德三年（公元956年），吴越协助后周进攻南唐，吴越军统帅吴程率军包围了常州，攻破外城，生擒南唐常州团练使赵仁泽，常州形势告急，派谁去增援常州呢？南唐帝李璟反复盘算，一时竟找不到合适的人选。这时，有人推荐了柴克宏。

柴克宏是南吴名将柴再用的儿子，封南唐龙武都虞侯。他沉默寡言，喜欢帮助别人，从不治理家产。虽然统御皇家警卫部队，但每天只是跟宾客朋友博弈饮酒，从不谈军事。当时的人都认为他不是统帅将领之才。如今，因形势危急，国家急需人才，有人举荐柴克宏。南唐帝李璟于是擢升他为抚州刺史。柴克宏请求调到军队去效命沙场，李璟没有立刻答应。柴克宏的母亲上疏说，她的儿子有他父亲的才能器宇，可以胜任统帅。如果不能胜任，甘愿与儿子同时受死。李璟素知柴再用能征善战，现在他的妻子亲自推荐自己的儿子，并且口气这样坚决，知子莫如母，想来不会有错，于是下了决心，任命柴克宏为右武卫将军，派他率军跟袁州刺史陆孟俊会合，增援常州。

当时，南唐的精锐部队都在长江以北，全力对付后周大军。柴克宏率领的好几千人援军，全是老弱残兵，南唐枢密使李徵古发给他的铠甲武器，都是虫蛀锈蚀的，破破烂烂。柴克宏去见李徵古陈诉，谁知李徵古不但不予调换，反倒破口大骂，态度十分恶劣。官兵们都愤愤不平，柴克宏却不动声色，一如既往。

快要到达润州时，李徵古突然派使节前来，调柴克宏回京，另派神武统军朱匡业代替。

燕王李弘冀任宣润大都督，驻兵润州。他对柴克宏说："你只管前边作战，我负责向朝廷说明。"于是上疏给朝廷说："柴克宏的才能和谋略，都非常出色，这次出征一定会成功。常州危险万状，随时都会陷落，不应该中途撤换统帅。"柴克宏遂率军直向常州。可没想到李徵古又派使节来调他回师。

柴克宏对使节说："我计算着日子要击破敌寇，你却调我回去，肯定是奸细。"喝令部众将使节拿下折首，使节急了，大声抗议说："我奉李枢密之命而来。"柴克宏说："就是李枢密亲自来，我也砍下他的人头。"柴克宏的增援部队于是很快抵达常州。

进攻常州的吴越军将领鲍修让、罗晟与统帅吴程有隙。吴程对二人处处压制，鲍修让和罗晟愤怒不平。这一矛盾被柴克宏利用了。先前，南唐帝李璟派中书舍人乔匡舜出使吴越，现在吴越送乔匡舜回国。柴克宏命令部众把战舰用布幕蒙起来，把甲士藏在布幕底下，宣称来迎接乔匡舜。吴越巡逻人员报告有南唐船舰，吴程毫不在意地说："那是南唐的官船。两国交兵，使节照常来往，不必疑神疑鬼。"柴克宏遂得以率军登岸。南唐军队直接攻击吴越阵地，正好与罗晟相遇。罗晟本来就对吴程抱有仇隙，见南唐军队来势甚猛，只略作抵抗后，便让开一条通道。这样，柴克宏的军队迅速杀奔吴程营帐，吴越军大溃。吴程慌乱之中，只得孤身逃命，方免一死。柴克宏纵兵扫荡，大破吴越围城军，杀死吴越士卒上万人。这时，南唐援军新统帅朱匡业抵达前线，柴克宏仍像平时一样，毫不夸矜功劳，对他十分恭敬。正是这种深藏不露的风格使他保存了实力，也为他日后的升迁铺平了道路。

而春秋战国时期的范雎更懂得如何韬光养晦，抓住有利时机。

秦昭王时，穰侯、华阳君、泾阳君、高陵君四人独掌秦国的内政外交大权，威焰显赫，势侵王室，被称为秦国的“四大贵族”。其中穰侯权势最大，内仗太后之势，外窃王室之威，专横跋扈，嚣张一时，富过王室，不把昭王放在眼里。

穰侯魏冉，原为楚人，是秦昭王之母宣太后的异父长弟。秦惠王、武王时便在朝中执掌大权，后武王去世，秦国内乱，武王诸弟争夺王位，魏冉拥立武王之弟昭王即位。昭王即位后，命魏冉为将军，守卫都城咸阳。魏冉驱逐武王后于魏，讨平公子壮之乱，诛昭王诸弟中行为不良者，威震秦国。时昭王少，宣太后主持朝政，命魏冉掌管军政大权，后拜为丞相，封魏冉于穰邑，又加封陶邑，号称穰侯。魏冉之弟芈戎，被宣太后封为华阳君，昭王的两个弟弟嬴芾和嬴悝，被封为泾阳君和高陵君。

秦昭王三十七年（公元前270年），魏国辩士范雎入秦游说昭王，向昭王献王霸之略，远交近攻之策。范雎言道：“远交而近攻，则大王得寸土则为王之寸土，得尺土则为王之尺土。韩、魏两国地处中原，为天下枢纽，大王欲称霸，宜亲近中原国家，掌握天下枢纽，然后威慑楚国和赵国，楚、赵两国归附秦国则齐国必然畏惧，齐国归附于秦则韩、魏两国就可以乘机征服了。”昭王听罢，赞赏不已，遂拜范雎为客卿，与谋国事。昭王用范雎之谋，攻城拓地，屡屈三晋之兵；威震天下，使诸侯各国皆畏秦，因此，越发信任范雎。

秦昭王四十一年（公元前226年），范雎见已得到昭王的宠幸和信任，昭王待他一天比一天更加亲近，认为改革内政的时机已经成熟，便向昭王陈述了驱逐四贵，巩固王权的治国方略。范雎劝说昭王道：“臣前居山东时，闻齐国王权的治国方略。闻秦国有太后、穰侯、华阳君、高陵君、泾阳君不闻在秦王，臣以为：能独揽国家大权的才叫作王，能光利除害的才叫作王，能掌握生杀大权的才叫作王。如今太后专权，擅行独尊四十余年，穰侯出使，不报大王；华阳君、泾阳君肆意惩罚杀戮，违法乱纪；高陵君改革政令，任免官员，擅作主张，不请示于王。这四大贵族存在而国家不覆亡，是不可能的。四贵专权，人们心目中就没有大王，长此以往，国家怎能不倾危，权力怎能归于大王呢？臣以为善于治国者，内则树立威严，外则重视其权。如今穰侯内仗太后之势，外窃大王之威，对各国发号施令，与各国订盟立约，无有一个国家敢不听从。攻伐敌国，取城掠土，利益归于自己的封邑；损兵折将，与百姓结下仇怨，则将灾祸归于国家。有首诗道：‘木实繁者披其枝，披其枝者伤其心；大其都者危其国，尊其臣者卑其主。’即是说：果实太多会压折树枝，树枝折断会伤害树心；属国大了会危害国君，臣下尊贵君主就会卑微。从前崔杼、淖齿把持齐国大权，崔杼箭射齐庄公的腿，淖齿将齐滑王吊于庙堂横梁，抽筋而死；赵国李兑把持大权，囚禁赵武灵王于沙丘，百天饿死。如今秦国太后与穰侯当权，华阳君、高陵君、泾阳君与其串通一气，终究会铲除秦王。这些人也是崔杼、淖齿、李兑之类人物。况且朝中大小官吏，大王的左右侍从，许多都是穰侯的亲信党羽。臣下发现大王在朝廷中势孤力单，私下日日为大王害怕，为大王担心，长此以往，统治秦国的将不是大王的子孙了。”昭王听后吓得毛骨悚然，再三拜谢范雎道：“先生肺腑之言，治国韬略，寡人恨闻之不早。”于是，昭王借故收回穰侯相印，将穰侯逐出国外。穰侯将历年搜括来的财宝装了一千余辆车，边关的官吏检查其珍宝器物，竟比王室的宝物还多。过了几日，昭王又驱逐了华阳君、高陵君和泾阳君。并将太后废黜，令居深宫，不许参预朝政。遂拜范雎为相，封邑于应城（今河南鲁山之东）号为应侯。

范雎人秦，先以外交谋略游说昭王。几年之后，方乘机劝谏昭王废黜太后，驱逐四贵，非此谋晚出，而是待时机成熟。昭王信任范雎一日胜似一日，范雎始将改革内政，兴利除弊，巩固王权的治国谋略和盘托出，实为老谋深算。范雎力陈宣太后专制、穰侯擅权之害；泾阳君、高陵君等富于王室之弊，终使昭王大悟。昭王采用范雎之谋，将王权集于一身，对治理国事，巩固基业确为必要。然穰侯于秦，亦有其功，正如太史公所言："而秦所以东益地，弱诸侯，尝称帝于天下，天下皆西乡（向）稽首者，穰侯之功也。"

人之处世，总要先为自己找好立身之地。人要有所作为，更需要首先站稳脚跟。

试想秦王嬴政，非常欣赏韩非的才干。当他看到韩非所著之书后，说："我要是能见到此书作者，死也无憾了。"然而当韩非到秦国之后，不久便遭权臣李斯、姚贾等人的陷害，入狱饮药而死。

立足未稳，才华先露，不能不说是韩非的死因之一。

范雎则不同，他入秦之后，先以外交谋略游说昭王。几年之后才劝谏昭王废黜太后，驱逐四贵。这时，他已经有功于国，深受信任了。智者待机而动。韩非入秦晚于范雎，为什么不学学他呢？

日本的第30任首相斋藤实立身处世方面，可谓是达到了"呆若木鸡"的境地。

昭和七年（1932年）至昭和九年（1934年）间，担任首相之职的斋藤实，是继犬养毅之后组阁的人。当时的舆论对于斋藤内阁的评价不甚好，"慢动作的内阁"、"跳蚤的粪内阁"是他们给予这个内阁的绰号。

但是虽然面对这种近乎零期待感的恶评，斋藤的内阁却能维持两年零两个月（在当时是很长的），在如风暴的时代，支撑着日本的摊床木架。

曾经担任记者，战后成为读卖新闻社长的马场垣吾，曾就斋藤内阁这样说道：

“斋藤内阁是慢动作内阁，无为政策内阁，这在当时是相当严厉的责难，但是，在斋藤辞去，由冈田启介继任首相之后，就是那个二·二六事件，那时才了解斋藤的伟大。斋藤也好、冈田也好，他们都不做什么，这点是不变的，但是斋藤实践了他威严如镇石的任务，压制了当时险恶的世相，但是换了冈田担当起这个镇石的任务就发生了二·二六事件。总之，斋藤内阁实际上担任了重大的角色。”

据说斋藤实组阁时，政治记者评论斋藤时完全将他区分为两个人。一是“斋藤是历代总理中头脑最好的，最有能力的秀才”，另一则是“迟钝凡庸的人物”。这两个评语简直是在评论两个不同的人，事实上它确是评论斋藤。年轻时的斋藤实是一个罕见的秀才，头脑清晰灵敏，后来他改造自己，努力让自己做个凡庸之人，这也是斋藤非凡之处。

斋藤实由一个小小的县府工友发迹，经过苦学力行，终而荣晋海军大将。

在萨长阀的防御军中，东北藩篱出身的人能有这样的成功，除了本人的努力外，想必他一定有优异聪明的头脑吧？事实证明如此。他被推举为山本权兵卫海相的次官时，是个大佐，由此可看出斋藤在当时的海军部内是多么有才能。后来他当了海相以后，亦是亲自处理事务，可说迅速敏捷，就连有关法规之事，都令内务官僚的专家们咋舌不已。提起当时的内务官僚，那真是秀才中的秀才，连他们都咋舌佩服，可见斋藤这位秀才亦是相当了不得的。

但是，斋藤实过了60岁以后，整个人摇身一变，似乎隐藏起他天性的锋芒锐气，成为一个凡庸的人，他潜心修养，在意识上训练自己，改造自己。只见过晚年的他的记者们，都称他为“行动迟缓”、“迟钝平庸型”，只有见过年轻时候的他的人才知道，这是他努力自我改造的结果。

斋藤内阁被世人公认为“举国一致内阁”。当时议会中政友会占了绝对的多数，但由于军部的蛮横不讲理，还是无法单独组织内阁。轮到了“迟钝平庸型”的斋藤实组阁，他拉拢了政友会的高桥是清，以及反对党民政党的山本达雄两位长老人阁，缔造了“举国一致内阁”。高桥、山本二人，是激烈对立的政党领袖，就某种意义来说，他们这次入阁是吴越同舟。难怪有人担心斋藤内阁会因内纷而溃散，然而事实上它进行得很顺利，高桥和山本二人都舍去了彼此的对立感，尽力协助斋藤首相。结果，斋藤内阁在两年零两个月的期间，能够毫无差错地渡过了难关，这也是因为摇身变成为“迟钝平庸型”的斋藤实，才能缔造出这么好的内阁。如果他像年轻时一样，依然是一个锋芒毕露的秀才型人物，恐怕不会达到这种境地吧！

斋藤实由一个秀才型的能干官吏，藉着自我的修养，摇身一变为“木鸡”型的平凡人。只有这种平凡才是平凡中的不平凡，在紧要关头的时候才能发挥无言的说服力。

自我改造的过程更具体地说，可参考《庄子》所记载的下面这则故事。

战国时代，正当诸子百家相当活跃的时候，有一位思想家主张利己主义，那就是杨子。有一次，杨子想要见老子蒙受他的教诲，于是决定去拜访他。他听说老子正在西方的秦国游历，就在大梁等待他的归来。

当老子在大梁郊外看到相迎的杨子时，不禁仰天叹息道：“从前我认为你是个有前途的人，但现在不行了。”

杨子被斥责以后，沉默不语。不久来到老子住处，他才恭恭敬敬地跪在老子面前恳求赐教。

“刚才想立刻向您求教，但看您匆匆忙忙的样子，所以我不敢说出口，现在您休息一下比较舒畅了，请您告诉我，我哪里有缺点？”

老子回答道：“只要你再稍微愚笨一点，悠然自得即可，改掉你骄傲的态度，有纯白的心的人看起来是污秽的，有非凡人格的人看起来总觉得有点愚蠢。”

杨子更加恭敬地说："多谢夫子教诲，以后必时时刻刻遵守。"

之后杨子的态度大为改变。当初他进入客栈时，因为言谈举止伟大超凡，所以连客栈里的客人都统统站起来送迎，老板亲自为他献上坐垫，掌柜的也拿出洗脸盆，住宿的旅客纷纷让座给他，一时显得热闹非凡。当他要回去时，住宿的旅客见他只是个平凡的人，所以都毫无顾忌地抢座位。杨子已成为一个平凡的人了。

**总结：**平凡不等于平庸，锋芒毕露必会招来不必要的麻烦。成就一番事业不仅仅需要的是才华，还要练就一颗平凡的心。

## 2. 沉默是金

沉默者首先给人的感觉是成熟稳重。所谓“嘴上没毛办事不牢”，谁愿意把自己的事业和前途交给愣头小子去经营？“桃李不言，下自有蹊”，少说话，多做事，更容易干出成绩，伟大的人不需要自我标榜和过多表白。

宋代吕蒙正之所以三次为相，历仕太宗、真宗，除了敢于直言谏方，政见超人这一原因外，其待人诚恳宽厚，胸襟开阔，谦虚谨慎也是一个重要原因。俗语说“路遥知马力，日久见人心。”随着时光的流逝，吕蒙正的善行，逐渐为朝臣所了解并得到朝臣的拥护和敬重。

开宝九年，宋太祖赵匡胤突然去世，赵光义在太监王继恩的帮助下，抢先一步继位，史称宋太宗。宋太宗的继位在朝野上下引发了不少议论，宋太宗为笼络人心，便决定大规模开科取士。太平兴国二年(977年)，宋太宗一次开科，便录取了500名进士，吕蒙正是进士第一名。

对这一批进士，宋太宗都予以重用。吕蒙正以进士第一名的身份，被授作监丞，升州通判，赐钱20万，并下旨，如遇到对百姓不利的事情，准许他们通过驿站直接向皇帝报告。在宋太宗的直接关注下，吕蒙正很快便得到参与处理国家事务的权力了。

吕蒙正为人正直宽厚。当初，他父亲有好几个宠妾，与妻子刘氏渐渐疏远，刘氏因此与其发生矛盾，于是，刘氏和吕蒙正被赶出了吕家。离开吕家后，刘氏发势不再嫁，母子二人相依为命，艰难度日。吕蒙正考中进士，进入仕途后，家境大为改善。吕蒙正不计较父亲把他们母子赶出家门，使他们吃了许多苦，把父亲接到家中，同堂异室而居，照顾的十分周到，重新成为一家人。

吕蒙正入朝为官时还不到40岁，简单的经历，快速的升迁，令朝中许多老臣感到不满。但是，由于他是皇上的红人，谁也奈何不了，只好在背后说些怪话，发发牢骚。有个人曾指着他说："这小子也是参政?"吕蒙正假装没听见，从那人面前走了过去。和吕蒙正一起准备上朝的同僚，听了这话后，愤愤不平，非要问清楚那人姓甚名谁，吕蒙正连忙制止说："如果知道了他的姓名，那么我一辈子也忘不了，还是不知道为好。"对新旧朝臣间的矛盾，吕蒙正采取了宽容的态度，他待人以宽厚的名声渐渐在朝中树立了起来。

随着吕蒙正在朝中为官时间的延长，吕蒙正逐渐积累了政治经验。端拱元年（988年），吕蒙正出任宰相，从他步人仕途到位居宰相，前后仅12年的时间，而此时，吕蒙正也不过是个44岁的中年人。地位的变化，并未使吕蒙正待人以宽厚的性格发生变化。

位居宰相，自然有许多人跑到他那儿去活动以求升迁。对这样的人，吕蒙正巧妙地予以回绝。当时朝中有人专门收藏古镜，自称有面古镜能照见方圆200里以内的东西，那人打算把这面镜送给吕蒙正，希望得到赏识。吕蒙正听说后，便笑着说："我的脸只有碟子那么大，怎么用得上这照见方圆200里的镜子呢!"吕蒙正以其机智与幽默，巧妙地打消了送礼者想要通过送礼而得到好处的念头。

虽然吕蒙正的迅速升迁与宋太宗的重用和提拔有着密切的联系，但吕蒙正并没有有恃无恐。吕蒙正刚刚出任宰相，便有人向宋太宗告发，说他挟私报复。当时，张绅为蔡州知州，因为贪污被免去官职。有人对宋太宗说："张绅家境富裕，不会去贪污，这肯定是吕蒙正挟私报复张绅。吕蒙正贫寒之时，曾向张绅借钱，张绅没借给他那么多，他便怀恨在心，现在吕蒙正任宰相，便有意加害张绅，以泄心头之恨。"宋太宗听人这么说，便下令恢复张绅的官职。

面对这样的恶意诽谤，吕蒙正并没有向宋太宗进行辩解，他相信事久自然明白。

淳化二年（991 年），吕蒙正被罢相。此后考课院发现了张绅贪污的证据，宋太宗便将张绅贬为绛州团练副使。淳化四年（993 年），吕蒙正复出为相，宋太宗觉得当初错怪了吕蒙正，便对吕蒙正说："那张绅果然犯了贪污罪。"

本想得到一声感谢或者是申辩的宋太宗什么回答也没有得到，吕蒙正依然是不辩也不谢。他用沉默，回答了诽谤与误解。

虽然吕蒙正曾贫贱过，曾被人屈辱过，甚至被人诽谤过；但他始终以宽厚的态度对待之。这是无语的申诉，无声的劝诫，无言的抗辩。这是令人倾倒的人格力量，也可以说这是人生的大智。

一说到人品、行为，也许会让人觉得在说教似的，而扭向一旁不加理睬。而且，在这个宣传自己的时代，也许有人会说，无言的说服到底是什么东西？但是，会说这种话的人，就是不了解"说服"的人。

日本热门舞蹈《八点！全体集合》这个电视节目，创下了最高的收视率，就宣传效果来说，它可以说是独一无二的节目。只是，这个节目的内容不合乎企业的形象，广告提供厂家是一个衰退的企业。其结果还是失败了。

人也是一样的，人品、行为也就是产品的品质，把产品的品质抛开一旁，而只大力宣传，这样是不能持续长久的。只要品质优良，不必宣传也会被大众认定，这才是真正的"说服"。

《史记》中有这么一句话："桃李不言，下自成蹊"，意思是说，桃树和李树，一点也不会替自己宣传，但他们美丽的花朵，甜美的果实，自然而然地吸引人们前来而随集成一条道路。这句话是譬喻说，伟大的人物不必自我宣传，人们也会慕名而来。

李广是汉武帝时的一位将军，和司马迁同时代，他和北方的骑马民族匈奴争战屡屡立下大功，所以匈奴称他为"汉朝的飞将军"，非常敬畏他。但是，他似乎是一个时运不济的将军。虽然战绩显赫，却一直不能出人头地，而且，最后的下场也令人惋然。他鞭策直驱远征匈奴，但在行军中，因作战计划龃龉迷了路而引咎自戕。

李广虽是一位悲剧将军，但他在掌握人心这一点上，却是很成功的。在他自杀时说道："广军之士大夫，一军皆泣。"从上将以至士卒，每个人都为他的死哀悼。不仅如此，听到了他的噩耗的老百姓，无论是认识他或不认识他的人，不管是老是少，每个人都悲痛万分。

李广所以如此被全国百姓所爱戴，因为他本身是一个当代无人和他并列的弓箭手，且对抗匈奴勇猛善战，立下了不少辉煌的战绩，而他之所以为部下所拥慕，并不只是因为这些战绩，而是平常对待部下的态度，紧紧地抓住了他们每一个人的心。

李广是一个对金钱很淡泊的人，皇帝赐予的恩赏，他全都分给部下，平常的饮食也都和士卒一样。直到他死之前，经过了40多年，食有十千万的俸禄，但是家里仍然没有半点恒产，而且，也没听过有关这方面的谣传。

行军中，饥渴难当时，如果发现了泉水，在所有的部下没有喝完以前，他决不去喝，粮食不够给部下时，他也从不自己吃。

李广的部下每一个人都忠心拥护他，乐意服从他的命令。

司马迁在写李广的传记之后。曾引用《论语》"其身正，不令而行，其身不正，虽令不从"这句话说道：

"其李将军之谓也，余睹李将军悛悛如鄙人，口不能道辞"。

意思是说他言行举止虽像个乡下的农夫，却不是平庸凡俗之人。这样的男子，却能令部下心服，乐意为他牺牲。这样的言行举止，才是无言的说服，才是掌握人心的极至。

李广"口不能道辞"，宛如村夫子一般的言行举止，就是一个好例子。在现代，能够以这种方法当作说服的战略，在意识上加以活用的，就是尼克松。

1960年美国总统的选举，尼克松和肯尼迪是两位竞争激烈的对手，尼克松以其现任副总统之职，在开始时占强大的优势，但选举的结果，肯尼迪扭转了情势获得胜利。据说尼克松的败北是由于四次举办的辩论会，他的方法错误。肯尼迪的辩论重点完全针对所有的“美国人”和美国的“未来”，给观众鲜明的印象，而尼克松的辩论则是攻击性的，只能给人不安定而阴暗的印象。这两种印象的不同，分出了这一次总统大选的胜负。

1968年，尼克松再次竞选美国总统，他吸取上次失败的教训，想要彻底改变形象，其一就是无言战略。

这次的选举对尼克松来说，情势远比上次更艰难。首先，他必须在总统选举之前，打败洛克菲勒等强劲的对手，赢得共和党提名。所以，尼克松在迈阿密的共和党的大会中，尽量保持沉默稳重，表示对自已很有信心，意图是给其他的党员“尼克松强”的印象。他说话时，除了强调“法和秩序”以及“尽力达到最完美境地”外，绝口不提其他具体的策略，希望能借此实现无言战略，给人信赖感，彻底改变他“败犬尼克松”的印象。他的战略成功了，不仅以些微之差获得共和党的提名，且在总统大选中，大败民主党汉弗莱，一雪1960年的耻辱。

无言战略本身决不是一种新的说服方法，前面已经叙述过了，范雎对秦昭王的询问保持沉默，就是将这种“战略”活用的说服技巧。但是，在中国古籍中，将这种说服方法赋予技巧以外的意义，而有积极的评价的，就是《道德经》和《庄子》。

“不言之教，无为之益，天下希及之。”（《道德经》四十三章）

“不言之辩，不道之道？若有能知，此之谓天府”（《庄子·齐物论》）

不言之教和不言之辩意思相同，皆可解释为“沉默是最有说服效果的”。

《庄子·徐无鬼》篇中，曾借孔子之口更具体的说明“不言之言”的内容。

——孔子周游列国来到楚，楚王知道了立刻为他摆设席宴，当时有宰相孙叔敖和贤者市南宜僚同坐。

席中，楚王问孔子道：

“今日和先生见面，我想古代的贤者亦不过如此，能否请先生赐教?”

“我学会了‘不言之言’，尚未对任何人说过什么话，但今天我就说一句吧!”

孔子继续说道：

在座的市南宜僚先生，在白公胜谋求叛变时，他玩着投掷小布袋的游戏招待对方的使者，因此化解了两家的危难。另外，孙叔敖先生则筹谋计策挫败了外敌，因此楚国人民才能过着和平安乐的生活，您二位的做法，确实地实践了‘不言之言’的教诲。”

这完全是个寓言，登场的人物也未必符合史实，且孔子是否有这种思想也是个疑问。《庄子》一书中，常常提到孔子，借孔子之口表达庄子的思想，所以这个“不言之言”与其说是孔子的思想，不如说是庄子本身的思想。庄子的这种思想，后来以“老庄思想”流入道教中，给予后世的中国人很大的影响。中国的政治家多多少少都接受了“不言之言”的说服方法。

**总结：**牢记“沉默是金”的定律，多看、多想、多做、少说，才容易干出成绩。另外，沉默给人的印象是成熟、稳重，深沉而有才学。

## 3. 人际脉络关系中左右逢源

老子说过，人不能无群。宁可忍辱负重，也要创造良好的人际关系。而要学会做到左右逢源，其实是一件很简单的事情。以屈求伸，常是有远大志向者所为。忍辱负重，左右逢源，全靠精神支撑，对这样的成功者，是不能用运气来诠释的。

东汉时皇后邓绥就是以自己的谦恭谨慎，左右逢源，终得皇上的垂青。

邓绥是东汉和帝刘肇的皇后。她自幼性格柔顺，甘愿委屈自己以宽慰别人。她5岁的时候，有一次，祖母为她剪发，由于老眼昏花，不小心将邓绥的前额碰破。邓绥强忍疼痛，一声不吭。别人问她："你这样做，难道不知疼痛吗?"邓绥答："不是不知疼痛。祖母疼爱我，为我剪发，我若喊痛，就会伤她老人家的心，所以我忍住了。"这件事反映出邓绥屈己慰人的品格。

东汉永元六年（95年），邓绥被选入宫，成为和帝的贵人。第二年，另一个贵人阴氏，因身为贵戚被立为皇后。从此，邓绥格外谦卑小心，一举一动皆遵法度。对待与自己同等身份的人，邓绥常常克己下之，即使是宫内隶役，邓绥也不摆主子的谱。有一次，邓绥得了病。当时宫禁甚严，外人不能轻易进宫。和帝特意恩准邓绥的母亲兄弟进宫照顾，并且不做时间上的限制。邓绥知道后，便对和帝说："宫庭禁地，对外人限制极严，而让妾亲久留宫内很不合适。人家会说陛下私爱臣妾而不顾宫禁，也会说我受陛下恩宠而不知足。这对陛下和臣妾都没好处，我真的不愿您这样做。"和帝听后非常感动，说："别的爱妃都以家人多次进宫为荣，只有邓贵人以此为忧，这种委屈自己的做法是别人比不了的。”从此对邓绥更加宠爱了。

邓绥得到和帝的宠爱，不但没有骄傲，反而更加谦卑。她知道皇后阴氏的脾气，也隐隐感到阴氏对她的忌恨，所以对阴氏更加谦恭。每次皇帝举行宴会，别的嫔妃贵人都竞相打扮，金簪耀目，玉珥放光，环珮叮咚，服装艳丽。只有邓绥独穿素服，丝毫没有装饰。当她发现自己所穿衣服的颜色有时与阴氏相同时，立即就进行更换。若与阴氏同时进见，从不敢正坐。和帝每次提问，邓绥总是让阴氏先说，从不抢她的话头。

邓绥以自己的谦恭，进一步赢得了和帝的好感，也反衬出皇后阴氏的傲横。面对邓绥的地位一天比一天高，自己一天天失宠，阴氏十分恼怒。永元十四年（103 年），阴氏与人制造巫蛊之术，企图置邓绥于死地。不料阴谋败露，阴氏被幽禁，后忧愤而死。

阴氏死后，和帝有意立邓绥为皇后。邓绥知道后，自称有病深处宫中不露，以示辞让。这下反而坚定了和帝立后的决心，她说：“皇后之尊，与朕同体，上承宗庙，下为天下之母，只有邓贵人这样的有德之人才可承当。永元十四年冬，邓绥终于被立为皇后。

道家讲究以柔克刚，兵家讲究以退为进，邓绥不一定讲得出这种道理，但她的立身哲学却是成功的。阴氏骄横，邓氏谦恭；阴氏咄咄逼人，邓氏步步退让。但结果是骄横者失宠，谦恭者获荣，这成败之间不可以看出二者立身哲学的智愚吗？

在围绕行政权力进行争夺的传统作风影响下，恃才恃功者往往遭祸。左右逢源，谦虚做人，方能创造良好的人际关系，立住脚根，为日后的升迁打下基础。下面羊祜的处世哲学，值得今人借鉴。

羊祜出身官宦世家，是东汉蔡邕的外孙，晋景帝司马师的献皇后的同母弟。但他为人清廉谦恭，毫无官宦人家奢侈骄横的恶习。

他年轻时曾被荐举为上计吏，州官四次征辟他为从事、秀才，五府也请他做官，他都谢绝了。有人把他比做孔子最喜欢的学生、谦恭好学的颜回。曹爽专权时，曾辟用他和王沈共职。王沈兴高采烈地劝他一起应命就职。羊祜却淡淡地回答："委身侍奉别人，谈何容易！"后来曹爽被诛，王沈因为是他的属官而免职。王沈对羊祜说："我应该常常记住你以前说的话。"羊祜听了，并不夸耀自己有先见之明，说："这不是预先能想到的。"

晋武帝司马炎称帝后，因为羊祜有辅助之功，被进号中军将军，加官散骑常侍，封为郡公，食邑三千户。但他坚持辞让，于是由原爵晋升为侯，其间设置郎中令，备设九官之职。他对于王佑、贾充、裴秀等前朝有名望的大臣，总是十分谦让，不敢居其上。

后来因为他在都督荆州诸军事等功劳，加官到车骑将军，地位与三公相同。他上表坚决推辞，说："入仕才十几年，就占据显要的位置，因此日日夜夜为自己的高位战战兢兢，把荣华当做忧患。我身为外戚，事事都碰到好运，应该警诫受到过分的宠爱，而不怕被遗弃。但陛下屡屡降下诏书，给我太多的荣耀，使我怎么能承受？怎么能心安？现在有不少才德之士，如光禄大夫李熹高风亮节，鲁芝洁身寡欲，李胤清正朴素，都没有幸运获得高位，而我无能无德，地位却超过他们，这怎么能平息天下人的怨望呢？因此乞望皇上收回成命！"但是皇帝没有同意。

晋武帝咸宁三年（271 年），皇帝又封羊祜为南城侯，羊祜坚辞不受。羊祜每次晋升，常常辞让，态度恳切，反因此名声远扬，朝野人士都对他推崇备至，以至人们认为他应居宰相的高位。晋武帝当时正想兼并东吴，要倚仗羊祜承担平江南的大任，所以此事被搁置下来。羊祜历职二朝，掌握机要大权，政治上的大事都要向他咨询，而他本人对于权势却从不钻营。他筹划的良计妙策和议论的稿子，过后都焚毁，所以世上人不知道其中的内容。凡是他所推荐而晋升的人，他从不张扬，被推荐者不知道是羊祜荐举的。有人认为羊祜过于慎密了，他说："这是什么话啊！古人的训诫：入朝与君王促膝谈心，出朝则佯称不知——这我还只恐怕做不到呢！不能举贤任能，哪会不有愧于知人之难啊！况且在朝廷签署任命，官员到私门拜谢，这是我所不取的。"

羊祜的女婿曾劝他说："应该有所经营，培埴自己的亲信，身边有一批归附和拥戴的人，这是件很重要的事情。"羊祜听后默不作声。回家对儿子们说："这可以称作知其一不知其二。臣子树立私恩必然会违背公义，太糊涂了啊！你们应该懂得我们的心意！"

羊祜还曾写信给他的堂弟羊绣说："边境平定后我就脱下朝服，头戴角巾，回到故乡去，给自己安排一块墓地。我以一个白衣的寒士，而身居高位，怎么能不因为太满太盛而受到责难呢？汉宣帝时疏广任太尉，在位五年就谢病免归。疏广便是我学习的榜样。"

羊祜平时清廉俭朴，衣被都用素布，得到的俸禄全来周济族人，或者赏赐给军土，家无余财。临终留下遗言，不让把南城侯印放进棺柩。他的外甥齐献王司马攸，上表陈述羊祜妻不愿按侯爵级别殓羊祜的想法，晋武帝便下诏说："羊祜一向谦让，志不可夺。身虽死，谦让的美德却依然存在，遗操更加感人。这就是古代的伯夷、叔齐之所以被称为贤人，廷陵季子之所以保全名节的原因啊！现在我允许恢复原来的封爵，用以表彰他的高尚美德。"

在封建专制制度下，特别是动乱时代，很多出类拔萃的人物得不到善终，往往是因为锋芒毕露，或者树敌太多，或者功高震主。羊祜清廉谦让，固然是由于他笃信儒学，身体力行，但也是明哲保身，不重蹈前人覆辙。羊祜是成功的，上至一国之主，下至黎民百姓，都对他表示敬佩。他死后，襄阳人民在岘山羊祜游玩休息的地方建碑立庙，一年四时祭祀。看到碑的人，没有不掉泪的，被称为"堕泪碑"。羊祜的参佐们赞扬他德高而卑谦，位尊而端恭。谦恭，是羊祜不仅得以保身，而且事业有成的谋略。

**总结：**左右逢源并不等于阿谀奉承、低三下四，而是维系人际脉络关系的必要手段，它也是立身处世的哲学和迈向成功的前奏曲。羊祜处处谦恭，避免了来自各方面的攻击，既达到了辅政君主治国平天下的目的，又为自己的全身而退做好各种安排，真是封建政治中的高手。

## 4. 君子慎独，用舍行藏

君子慎独。谨慎立身，是对立身的价值有了充分的认识。有了功劳不要经常说起，有了恩宠不可张扬，有了权力不要滥用。不要在不经意间让精心营建的基业毁于一旦。因此，纵然欢喜也不必得意忘形，纵然悲戚也不必怨天尤人。

志当高远，事当谨慎，这是做人原则。

所谓立身，包括树立自己的名声，明确自己的做人原则，建立自己有代表性的业绩。这里的环节很多，而且有许多潜在危机，所以必须谨慎。

吕僧珍字元瑜，是山东范县人。从南齐时起，吕僧珍便追随萧衍。萧衍为豫州刺史，他任典签。萧衍任领军，他补为主簿。建武二年(495 年)，萧衍率师援助义阳抗御北魏，吕僧珍随军前往。萧衍任雍州刺史，吕僧珍为萧衍手下中兵参军，被当作心腹之人。萧衍起兵，吕僧珍被任为前锋大将军，大破北魏军队，为萧衍立下大功。

吕僧珍有大功于萧衍，被萧衍恩遇重用，其所受优待，无人可以相比。但他从未居功自傲，恃宠纵情，而是更加小心谨慎。当值宫禁之中，盛夏也不敢解衣。每次陪伴萧衍，总是屏气低声，不随意吃桌上的果实。有一次，他喝醉了酒。拿了桌上一个甜桔，萧衍笑着说：“卿真是大有进步了。”拿一个柑桔被认为是大有进步，可见吕僧珍谨慎到什么程度。

吕僧珍因离乡日久，上表请求萧衍让他回乡祭扫先人之墓。萧衍为使其衣锦还乡，光宗耀祖，不但准其还乡，还给其使持节、平北将军、南兖州刺史，即管理其家乡所在州的最高行政长官。然而，吕僧珍到任后，平心待下，不私亲戚，没有丝毫张狂之举。吕僧珍的从侄，是个卖葱的，他听说自己的叔叔做了大官，便不再卖葱了，跑到吕僧珍处要求谋个官作。吕僧珍对他说："我深受国家重恩，还没有做出什么事情以为报效，怎敢以公济私。你们都有自己的事干，岂可妄求他职，快回葱市干你的本行吧！"吕僧珍的旧宅在市北，前面有督邮的官府挡着。乡人都劝吕僧珍把督邮府迁走，把旧宅扩建。吕僧珍说："督邮官府自我家盖房以来一直在北地，怎能为扩建吾宅让其搬家呢？"遂不许。吕僧珍有个姐姐，嫁给当地的一个姓于的人，家就在市西。她家的房子低矮临街，左邻右舍都是店铺货摊，一看就是下等人住的地方。但吕僧珍常到姐姐家中作客，丝毫不以出入这种地方为耻。

君子立身处世，贫贱不能移，威武不能屈，富贵不能淫。这是封建社会中理想的作人准则。然而，这并非常人可以做到。更有甚者，贵而忘贱，得志便猖狂，恣意妄为，最终身败名裂。吕僧珍可谓是深知立身之道的智者，他功高不自居，身贵不自傲。从而使皇帝对他更加信任。吕僧珍58岁时病死，梁武帝萧衍下诏说："大业初构，茂勋克举，及居禁卫，朝夕尽诚。方参任台槐，式隆朝寄，奄致丧逝，伤恸于怀。宜加优典，以隆宠命，可赠骠骑将军、开府仪同三司、常侍、鼓吹、侯如故。"不但如此，吕僧珍还被加谥为忠敬侯。吕僧珍善有其终，这和他立身谨慎是分不开的。

成就大业，要从小事做起。尤其是投身政治或大集团的领导者，手下总聚集着一批人，自己的作风，对部下有重要影响。个人作风正派品格高尚，自然有利于争取人心。

五代时吴越国王钱镠，原本是杭州临安的盐贩，出身低微。在群雄竞起、攻伐不已的复杂局面下，他逐渐发展自己的势力，占据了两浙，建立了吴越国，并能够存在很久，这和他立身严谨是大有关系的。在这方面，他留下了不少的故事。

钱镠从小当兵，夜晚很少睡觉，太疲倦时就枕一个圆木头，或者枕一个大铜铃，稍微沉睡，圆木或铜铃一转动，他便惊醒了，因此称作“警枕”。又在卧室里放一个粉盘，半夜三更，想起什么事，就写在粉盘上面，直到老年都乐此不疲。每晚他都分派侍者更次值勤，规定只要外面有事报告，便马上敲铃。他听到铃声应声而起，有事情立刻处理，不等到天亮。他还怕守卫者当班时睡着，常常把铜丸弹到楼墙之外，用以提醒巡夜值更的人。时人称他为浙中“不睡龙”。由于钱镠要求十分严格，值更的人都非常小心，不敢疏忽大意。一次，钱镠穿着平民衣服出行，回来时天已入夜，想从北门进城，守门官不肯开门。他说了很多好话，还是没能奏效。守门官说：“不管是谁，即使大王亲自驾到，我也不开。”钱镠只得从别的门进来。第二天，他召见北门守门官，对守门官的恪尽职守深表嘉许，并赐给优厚财物。

钱镠虽据江浙富庶地区，又身为国君，但生活却十分节俭。他的住处用具都十分简朴，衣服衾被全都用粗布制成，平时用膳，餐具不过瓷墩漆器而已。旧寝帐敝坏，其妻想用青绢帐换下，他执意不肯，说：“作法于俭，犹恐其奢。我只担心后代都追求享受而用锦绣。这项帐子虽然旧了，还可以蔽风。”有一次，除夕守岁，子孙都会集在一起，大家非常高兴，便命乐工奏乐助兴。但没奏两支曲子，钱镠马上便让停下了，说：“不知道的人还以为我是在作长夜之饮。上行下效，不可不知。”

成由节俭败由奢，古往今来皆如此。钱镠虽偏居一隅，并没有建立显赫无比的功业。但由于他采取了正确的对外对内的策略，使江浙地区保持了相对的稳定，对社会生产发展起了很好的作用。而他立身的严谨，是他事业成功的重要保证之一。

**总结：**一旦确立了远大的目标，就必须从创业的角度严格约束自己。无论是在平凡岗位，还是身居部门要职，严谨从事至少可以使你人气大旺。

## 5. 商战中更需火眼金睛的洞察力

历史上，上至老子和孔子，下至曾国藩都对洞察力有所描述和阐释。领导者必须练就一双能洞察一切的深邃眼光。因为，哪怕是身边一个细小的疏忽，也很可能会给自己招来意想不到的麻烦甚至是横祸。

当走进商店时，琳琅满目的商品会使人眼花缭乱，是真是假，是好是坏，一时难以辨别。面对复杂的人际关系，如何察人、知心、得心、得才，然后使用人才，对于一个现代企业来说是至关重要的。随着人们的自我保护意识的不断加强，以及社会竞争的日益激烈，人也越来越会表现自己、隐藏自己，其中的美与丑、善与恶混杂在一起，使人难以分辨。然而，物有良莠，人有高低，有些人凭着自己的经验和才智，确有慧眼识珠的才能，虽没有“金睛火眼”那样神，但也能分辨出事物的真伪，察看出人物的动机。要想在商场中立于不败之地，要想在企业中树立起自己的形象，就要练就一双洞察一切的敏锐眼睛，哪怕是身边的一个细小疏漏，都有可能成为倒台失败的致命根源。

如何提高一个人的观察、分析能力，自古有之。因为它是你在商场中，交涉谈判中、待人接物中做出正确判断的一把钥匙。

孔孟学说一直是中国学术的主流，对中国人有很大的影响。现代依然通用且被肯定的，观察法就是其中之一。

首先来看孔子。孔子说：“视其所以，观其所由，察其所安，人焉瘦哉！”

“视其所以”就是说观察其行为，看他现在做什么。但仅仅做到这些是不够的，还要更进一步了解他的动机是什么，仔细分析他的目的所在。若能做到这些，也就可以了解对方是什么样的人了。

那孟子的观察法又是怎样的呢？

孔子着重于一个人的行为，而孟子则主张应该注意人的“眼睛”。

孟子认为，观察一个人时，要看其瞳孔，瞳孔无法隐藏心中的邪恶。心正则瞳孔清澈，心不正则瞳孔污浊。听对方讲话时，同时观看其瞳孔，对方再怎么想隐瞒也无法在瞳孔中掩藏。

日本作家广津和郎为松川事件辩护时，就是引用类似孟子的话。他说：“被告的眼睛清澈透明，他们不应该有罪。”虽然法庭无法以此来定罪，但至少他能看出事情的真伪。然后，他借着自己调查分析的各种证据，来验证他直观的判断。

“眼为心之镜”，的确，通过眼睛是可以了解一个人内心的动向。然而，这种“观察眼睛”的说法，对于一般人来说似乎比较困难，但这种方法或许适合像孟子和广津和郎这种在人生的历练中，培养了如何观察别人的人，一般的人则大都会观察错误。只以“眼睛”观察一个人，非智者是难以察透啊！

所以，孟了又说，听对方讲话时，同时观看其瞳孔，很明显就是让我们要“听话和观眼睛”并用。无论对方讲什么，我们都可依其内容判断他是什么样的人，如果能够更进一步注意他的“眼睛”，那么这个“观察法”则近乎完美了。

那么，从对方说话的内容观察一个人，其要点是什么呢？孟子道：“让辞知其蔽，淫辞知其陷，邪辞知其离，遁辞知其穷。”

所谓让辞是指偏颇之词，淫辞是指荒唐之词，邪辞是指邪恶不正经之词，遁辞是指逃避的言词之意。他的意思是说，和对方说话时要洗耳恭听，如果他所说的话是偏颇不妥当的言词，就可以了解他是一个无法看清事情整体的人；如果对方说些荒唐的言论，就可以了解他是一个迷惑的人；如果对方说些邪恶的言词，就知道他是一个不合道理的人；如果对方玩弄逃避的言词，就知道他是一个走投无路，八方堵塞不通的人。

孟子所说的这番话，是极易明白的正统言词。仔细想想，在我们的日常生活中，也常在无意识中使用这个判断基准。但是，如果想要这个基准更有效果，判断更准确，就必须积累丰富的人生经验。孟子为了实现他“仁义”的理想政治，毕生致力于毫无报酬的游说工作，他从连续失败的痛苦经验中，培养出敏锐的观察力，所以他才能断言地说仅观其“眼”，听其“言”，就能了解这个人。

下面让我们来看一下墨子又是如何观察人的。

有一次，鲁王问墨子：

“我有两个儿子，一个喜欢做学问，另一个喜欢周济别人。我现在要立太子，不知道哪一位比较合适?”

墨子答道：

“这很难讲，也许他们是为了得到利益或名誉才故意这样的，您要立太子时，请先查清楚他们二人这么做的目的再做决定。”

可以看出，墨子和孔子一样，是站在动机主义的立场上去鉴定一个人的。

不过，如果仅是如此恐怕还是不够客观。

战国初期，法家先驱李克身为魏文侯的宰相，以法治主义的立场断然改革国内的政治，和理想主义者的孟子不同，他是一位极富现实感的政治家。

当李克还是文侯的政治参谋时，有一次，文侯问他关于选任宰相的意见。当时有魏成子和翟璜二位宰相候补人，且二位都是朝廷的重臣，论才能、经历实在分不出优劣，魏文侯不知要选任哪一位当宰相，于是询问政治参谋李克的意见。

选任宰相是一国的最高人事，如果说出人名，说不定会为自己日后招来横祸，所以李克很慎重地避免说到个人的名字，只间接地说出人物鉴定的五个条件。

其内容如下：

①境遇不佳时都亲近些什么人？

②富裕时都施予些什么人？

③处于高位时采用什么样的人？

④陷于穷地时是否不做不正的行为？

⑤贫穷时是否不贪取？

在《六韬》兵法书中，有一鉴定法要比李克的更详细。其列举八项如下：

①质问他，观察他理解到何种程度。

②追究他，观察他瞬间的反应。

③派遣奸细诱惑他内应，观察他是否诚实。

④说出秘密，观察他的品德。

⑤让他处理财务，观察他是否正直。

⑥让他亲近女色，观察他是否坚持自己。

⑦给他困难的工作，观察他是否有勇气。

⑧让他喝醉酒，观察他的态度。

确切地说，这大概是一张人物测验的石蕊试纸吧！如果作为人物鉴定法，似乎有点太过玩弄技巧的感觉，但如果是想网罗重要的人才，至少择其中几项加以测试，或许有其慎重的必要。

在古代游说可不是一件简单的事，一言不慎，轻者赶出国门，重则丢掉性命。要想游说成功，用韩非子的话说，就是读取对方的心。

“游说是很难的一件事，难在哪里呢？那不是游说的人必须具备充分的知识的难，也不是以嘴巴说出自己的意见的难，更不是将自己想说的话，毫无忌惮地说出来的勇气的难，所谓游说的困难，只有一点，就是读取对方的心，再提出自己的意见。”

韩非子除了指出读取对方的心，是游说时不可缺少的条件外，还举出几个例子，写出了游说之士，在什么样的场合应该如何的心得。其观察非常深刻敏锐，直到二千年后的今天，依然具有借鉴意义。

不过，要说能熟练读取对方的心的，那就是淳于髡。

年轻时的淳于髡因某人的介绍去谒见魏惠王，淳于髡的博学及雄辩已是众所周知，所以惠王抱着很大的期望。但是，初次谒见时，淳于髡一直保持沉默，没听他开口说一句话。所以惠王再度设席与他见面，他遣走左右的人，只剩下他们二人以制造讲话的机会。然而淳于髡这次依然始终保持沉默，惠王愕然。这哪里是什么雄辩家呢？简直就是个呆子！

惠王责备介绍淳于髡的人道：

“你称赞他是连管子、晏婴都不及的人，但是，见面时他都不开口说一句话，难道他瞧不起我吗？你到底怎么解释？”

淳于髡听了后，辩解道：

“这是当然，因为我初次拜谒时，您心里只想着马的事情，第二次见面时，您心不在焉，完全陶醉在美妙的音乐中，所以，我一句话也不敢说。”

惠王听了此话后大吃一惊。

“啊！淳于髡才是真正的圣人啊！我们初次见面时，刚好有贡献骏马，我很想去看，这一点被您看穿了。第二次时有歌者献歌，我也忍不住倾听，这点又被您看出来了。这么说，我遣去左右的人，只剩我们二人对座，那只是一个形式罢了，我的心却在骏马和歌者身上。”

据说淳于髡是“承意观色”，就是详细观察对方的表情和态度，推测其意向。所以他才能轻易地看透惠王的心思。

不久，他们第三次见面，这次惠王表现出热心倾听淳于髡雄辩的样子，所以淳于髡对惠王讲了三天三夜的话。

淳于髡的观察细微并能迅速作出正确的判断，就是今人也会为之所折服。

人的不经意举止，往往反映的东西却是最真实的。唐时李夷简对徐晦的考察和提拔，就是根据这个道理。

唐宪宗元和四年（809 年），御史中丞李夷简揭发京兆尹杨凭，原先在担任江西观察使时贪赃枉法，过度奢侈，影响很坏，对这样的贪官应给予一定的处分，唐宪宗采纳了李夷简的建议，将杨凭贬为临贺县尉。杨凭的家财田产也险些被没收。

从京官被贬为一个小县尉，杨凭觉得很没面子，见人都抬不起头来，整天闷在家里，准备届时赴任。

在封建社会，由于贪赃枉法遭皇帝的贬谪是很不光彩的事情，很难再被重新起用，宦海仕途，幻化难测。正是因为这原因，多数人都不愿意亲近他，在杨凭赴任时，连亲戚朋友都没有给他送行，害怕受到牵连。

这时只有栎阳县尉徐晦来到杨凭赴任必经之地蓝田，选择一个小酒馆，置下一桌酒菜，为杨凭送行。落难之中，徐晦不忘旧情冒险相送，杨凭十分感激，两人挥泪握别。

事过之后，平素与徐晦交情很好的太常卿权德舆来到徐晦的住所，与徐晦说："我听到这事以后，很为你担心。你为杨凭送行，诚然是因为你们平素交情很好，情谊深厚，但你与被皇帝贬谪的人有关系，难道就不怕受到牵累吗？好多人遇到这样的事，躲还躲不及呢？"徐晦听后回答："我从前为平民时便蒙受杨公的知遇之恩与提拔，现在他被贬逐远方了，我怎能不送一送呢？同样的道理，假使您以后被哪一个进谗言的人斥逐了，就我们之间的友情而言，我能够自视与您彼此无关的人吗？那样未免太不够朋友了。"权德舆听得此话，深受感动，对徐晦赞叹不已，自语道："疾风知劲草，落难见真情。"并在朝廷中广泛称赞杨徐晦的为人。

送走了杨凭没过几天，一道委任徐晦为监察御史的圣旨送到了栎阳县，徐晦又喜又惊，没有立功，缘何升迁，徐晦颇感奇怪。回朝任职后，方知是李夷简的保举，这更使徐晦莫名其妙。"贬谪杨凭，提拔我徐晦，都是李夷简的上奏，这两者之间到底是什么关系呢?”徐晦大感不解。

徐晦向皇帝谢完恩之后，来到李夷简的寓所道谢，感谢李夷简的保举，但疑团仍未解开，于是对李夷简说到：“我平时不曾与您谋面，您对我没有什么了解，根据什么选取了我呢？请您赐教。”李夷简回答说：“先生为杨凭送行一事我已知晓，我佩服先生的胆量和勇气，先生不肯辜负杨凭，怎么肯辜负朝廷呢？国家用人难道不应该用这样的忠义之士吗?”徐晦方才明白其中的缘故。在以后任职中，确实如李夷简所料，徐晦对朝廷忠心耿耿。

李夷简揭发了一个贪赃枉法的官吏，又从这件事情中发现了非同一般的徐晦，奏请皇上起用，并没有因为徐晦与杨凭是故交，以及徐晦为杨凭送行之事怪罪他，李夷简举荐徐晦正是看中了他的忠诚和义气，以小见大，认为此人可用，肯定是忠臣。

同样一件事，在不同人眼中可以有不同的反应。为杨凭送行之事，别人看到的是危险，而李夷简看到的却是忠义的品质，所以他敢大胆保举徐晦。

**总结：**只有具有敏锐的洞察力，才能在用人当中、商务会谈中，不至于留下太多的遗憾。几千年来，人们不断地总结经验，但彼时彼地的经验不一定完全适合此时此地的情况。如何练就你的“金睛火眼”，不仅要注意借鉴前人经验，更主要的是应从自己所处的现实中总结新经验。

# 第二章　笼络人心不如掌握人心

魏征曾上书告诫李世民，水能载舟，亦能覆舟。历史经验教导我们，得民心者得天下。这种感情投资的举措，前有古人后有来者，它不仅是古代政治家借以广揽人才的重要手段，也是我们现代社会商战中屡试不爽的良方。

## 1. 孙子的人心掌握术

要想在下属和同事心中树立威信并驾驭他们，单靠行政命令是不够的。感情投资不仅是收揽人心的方法和手段，也是一种处世智慧。

对于孙武的《孙子兵法》大家早已熟知，但对他本人也许了解的并不多。

在《史记》中有这样一则趣谈。

有一次，吴王阖闾听到孙武的名气，就把他招到宫殿来。

“你所著的兵法书13篇，我全都读过了，只有一点，你能操兵给我看看吗?”

孙武于是把王宫内180位美女当做士兵演练，他想要使对练兵之事一无所知的美女，一丝不乱地做军事行动。

孙武将队伍分成二列，吴王的二位宠妃各为队长，命令全体拿起矛枪。

“自己的胸部、左手、右手、背部，知道了吗?”

“知道了。”

“好，我如果喊向前，就看胸部正前面，喊左边就是左手，喊右边就是右手，喊后面就看背后。”

孙武郑重叮嘱过后，就开始练兵了。但是，当他鸣鼓命令道：“右边”，全体的美女都呵呵地笑出来，无法彻底实行他的命令。孙武说道：

“号令不能彻底实行这是我的错。”于是又反复说明了好几次。

但是，当他再次鸣鼓喊：“左边”时，美女们又呵呵地笑成一团。

“上次是我的疏忽，但这次不同了，我已经对你们全体把号令讲解得很清楚了，不能按照命令行动就是队长的责任。”

于是乃要吴王将二位宠妃处斩，另命令二位美女担任队长。

因此，当第三次再鸣鼓下号令时，每一位美女都整然行动，动作划一，场内鸦雀无声，没有人敢再笑。孙武才对吴王传令报告：

“练兵完毕，全体在此等候命令，只要吾王下命令，士兵赴汤蹈火在所不辞。”

“哦！这样就够了。”

吴王知道了孙武的兵法精湛，就命令他做了将军。

看了这则故事后，是否会觉得“不愧是兵法专家”或是“太残酷了”呢？这完全依读者站在什么角度来看了。但是，就掌握部下人心这一点来看，显然孙武是不太令人赞赏的。因为他完全忽视了美女们自发的意志，只一味要以上级强制的命令贯彻执行。

如果一味认为孙武这位将军，对部下非常严厉，为了维持军纪，态度极为苛刻残酷，那就太草率了。当时的孙武，为了抓住那个难得的机会，必须在吴王面前摆出“断然坚定”的样子，根本没有时间和美女们作心灵上的沟通，这完全是一个紧急的情况，所以，不得已他才采取如此极端的作法。

那么，平常的孙武，身为一位将军，对部下又是什么样的态度呢？

在他自著的《孙子》一书中，关于他对部下的人心掌握，曾如此写道：

统率众多士兵时，如果要惩罚他们必须特别加以小心，也就是说，部下还不太熟练时，如果犯了小小的过失就要惩罚，无法让部下心服，心不服则难差使。反之，部下已经非常熟练了，如果有了过失而不罚，则过于纵容亦难差使。”

显然这段话和在吴王面前对美女们所采取的态度相矛盾，而且，不用说，这段话对于掌握部下的人心，是比较有效果的方法。

孙武也曾这样说过：

“对待部下，除了平时以温情交往外，同时也要以威严整肃军纪，如此才是必胜的姿势。”

只有温情是不可以的，只重军纪也不行。只以温情对待他们，部下习惯了则难以差使；相反地，若只重军纪，无法让部下心服，惟有温情和军纪二者并用，才能完全掌握部下的心。

在当今的成功人士当中也有很多例子，他们都能成功地把握住这个度。我国台湾省的著名企业家吴舜文就是其中之一。

吴舜文在管理方面要求每个员工都有较高的工作水准，宁缺不滥，厂里没有光拿钱不做事的闲杂人员。

吴舜文对工作要求非常严格，不仅在国内，在国外也素负盛名。有一次，日本一家电视台记者到台湾采访吴舜文。她当时正在主持一个会议，会上正在讨论有关新公司成立的章程问题。吴舜文一下子就发现章程中的第一条有失误，而承办的会计师嫌麻烦不愿更改。她疾言厉色要求修正，以免影响公司未来发展。当时她的严厉态度，完全被电视台人员录进电视中去了。

日本的女性向来以温柔著称，女性也以温柔为本。当反映吴舜文“严厉”形象的电视片在日本放映后，观众简直不相信现实生活中真会有如此威严的女强人，以致许多在日本企业界的朋友纷纷打电报问吴舜文，到底是在表演呢，还是在工作？

女强人的称号不胫而走，声名远扬。但是，吴舜文本人对此并不满意。她认为，一个现代化企业必须走向制度化，然而，在中国搞现代化企业有它自己的特色，单靠制度不行，单靠人情更不行。我们必须在制度和人情之间作出最恰当的安排。她深刻体会到，要与外界硬碰硬地竞争，非得有本事、有实力不成。但是，当你当上了领导，在众人中建立了权威，就自然跟众人有了距离。男士们容易缩短这个距离，而作为一个女性又不能像男士一样，与同事或同业混在一起，喝酒、唱歌，放纵自己。为了弥补这方面的缺陷，也必须付出更大的努力，她相信执著的付出必然会得到报偿。

有一次，她的公司开游园会，公司、工厂上上下下都来邀请她参加活动。然而，那天她恰好为许多事情而烦恼，精神不爽，实在不想参加。可是，又不愿让同仁失望。她想，去游园会场露露面，与大家同乐，是一个大企业“家长”的责任。所以，她强打起精神，穿起运动服，戴上运动帽，暂时抛开心中的愁云，神采奕奕地到达会场。

她一一光顾了每一个摊位，与同仁家属打成一片，把吃的东西分给小朋友……几小时下来，她确实够累了。但是事隔很久，她仍然感到那次活动非常值得的。

台元公司员工的薪酬比其他工厂高，又是台湾最先实施 8 小时工作制的厂家。这不仅使机器设备能充分利用，而且让员工们也可以得到较多的休闲时间。台元公司的厂房都逐步装上空调设备，员工的宿舍也有冷暖气，员工上下班有车接送，福利社整天供应餐点，图书馆可供员工阅读进修之用，其他如免息分期贷款、公费旅游、员工进修、设立子女奖学金、建立休假及退休制等，福利待遇十分丰厚。

吴舜文这种严要求、高福利的恩威并重的管理方法屡见成效。台元公司员工有着高昂的情绪，很少有人离职外流。有的纺织厂把写着诱惑性字眼“高薪征求熟练女工”的大红纸贴在台元的大门上，厂里的工人竟不瞥一眼，侧身而过。

**总结：**作为领导者，应该有自己威严的一面，要做到令行禁止，就必须深刻地把握到每个人的内心世界，当然，也不要忘记仁厚和爱心。

## 2. 攻心的诸葛孔明

攻心为上，不战而屈人之兵，这是《孙子兵法》的经典之笔，也是诸葛先生常用和善用的重要谋略。

提到诸葛亮，大家定会想到“草船借箭”、“七擒孟获”等等，可谓是妙算如神。且看下面两个实例。

刘表有两个儿子，长子叫刘琦，小儿子叫刘琮。刘表的后妻偏爱刘琮，刘表听信后妻的话，也冷落刘琦，刘琦很是苦恼。刘琦听说诸葛亮学识渊博、智慧出众，就想求助诸葛亮。

有一天，刘琦来见刘备，刘备正与诸葛亮说话。刘琦哭着拜见刘备说：“继母不能容纳我，望叔父救救我吧。”刘备说：“这是侄儿的家事，怎么来问我呢?”刘备看了看诸葛亮，意思是让他想个主意。诸葛亮笑笑说：“这是家事，我不敢过问啊!”坐了一会儿，刘备送刘琦回去，出门时低声对刘琦说：“过几天我让诸葛亮回拜侄儿，你再求求他，一定会有妙计相告。”刘琦谢着告辞。

过了几天，诸葛亮代刘备回拜刘琦。刘琦迎人后堂，敬完茶，刘琦说：“先生既来我家，请帮我出个主意吧。”诸葛亮说：“我到你家作客，怎能参与你们的家事?”说罢起身要回。刘琦忙说：“既已到此，多坐一会儿吧!”就挽留诸葛亮，到一密室饮酒叙谈。饮酒中间刘琦仍苦苦哀求诸葛亮献计，诸葛亮不说话。过了一会儿又要告辞。刘琦说：“我有一套古书，先生愿意看一看吗?”就引他上楼。上楼后，诸葛亮问：“书在哪里?”刘琦拜倒哭应道：“继母实在容不了我，我无法活下去了，难道先生忍心见死不救吗?”诸葛亮仍不肯说，起身要下楼，但梯子已被人撤掉了。刘琦说：“我想求教先生良计，先生惟恐泄露消息，不肯告诉我听。今天这里，上不着天，下不着地，话从你口中说出来，只流进我的耳朵里，总可以说了吧！”诸葛亮只得重新坐下，想了想说：“良策有了。”刘琦说：“先生请快说给我听。”诸葛亮说：“公子难道没有听说过申生、重耳的故事吗？”（申生和重耳都是春秋时期晋献公的儿子，献公宠爱骊姬，想立她生的儿子奚齐作太子，骊姬在献公处进谗言欲陷害他们两人，申生不肯逃亡，被迫自杀，重耳逃亡国外，后来返回晋国成为国君）现在江夏正好少一个防守的将领，公子可以请求带兵驻守江夏。那样就可以避免灾祸了。”刘琦听后，非常高兴，再一次拜谢过诸葛亮。叫人架上梯子，送诸葛亮下楼回府。

第二天，刘琦求见刘表，说想去防守江夏，刘表犹豫不决。请刘备来商量。刘备说：“江夏是重地，别人防守不太可靠。正好公子愿去，我认为此事可以答应。”于是刘表就命刘琦领兵3000人赴江夏镇守重地去了。

在不得志或暂时失利的时候，忍让也是一种立身谋略。其目的是回避了眼前的矛盾之后以图在适当时东山再起。“留得青山在，不怕没柴烧”，刘琦从诸葛亮那里得到了保身之计。

其实，诸葛亮是故意逼刘琦使出上楼抽梯的绝招，然后把避祸之计说出。而诸葛亮的本意是帮助刘备夺取荆州，偏偏刘备不肯乘刘表内外交困时下手，只好利用刘琦请求避祸之计的机会，提出镇守江夏的建议，为刘备将来不敌曹操时，有一个去处。真是置之死地而后生啊。

刘备死后，诸葛亮辅佐刘禅，掌握国家实权，以再兴汉王室为目标，积极筹划北征事宜。《三国志》一书也由此进入最高峰，但是，在这之前，诸葛亮却有必须解决的问题，那就是西南夷的叛乱。

“西南方异民族大规模的叛乱行动，威胁到蜀汉的根基，诸葛亮也不得不引以为忧。要以武力镇压他们虽然是件轻而易举之事，但因目前正和魏国抗衡，应该避免耗损兵力。如果可能的话，收服他们共同协力合作，也可免于后顾之忧。

诸葛亮征求参谋马谡的意见。马谡说：

“西南蛮族凭仗他们险阻的地形，所以不会长期归服，今日击败了他们，明白他们又会掀起反旗。丞相一心只考虑赶快结集全国的兵力北征，和魏决一雌雄，如此一来，本国就成为一座虚城，他们知道后，一定会立刻举兵反乱。当然，把他们通通杀死可以铲除祸根，但这不是仁者之道，而且，应该心和心战，而不是兵和兵战。所以，请务必要让他们心服为要。”

诸葛亮对马谡的进言非常赞赏，于是决定南征作战的基本要点为“攻心”。

那么，诸葛亮是如何攻异民族的心呢？反叛军的首领叫孟获。诸葛亮在出兵之前，对全军士兵下了公告：“不可杀孟获，要生擒。”

经过激烈的争战，孟获被俘带到诸葛亮面前。诸葛亮带着孟获进入他们的阵营，对孟获说：“你认为我军的排阵布置如何？”

孟获答道：“就是因为不了解你们的排阵才会失败，现在我都知道了，下次一定会胜利。”

诸葛亮笑着说：“这倒有趣，好，把这个人给放了。”

因此，孟获被捕了七次，七次都被释放。

孟获第七次被抓来时，心里一直想着“我又来了”，诸葛亮也看出了一点眉目，于是又要释放孟获。孟获这时说道：“你真是神啊！你也不必再释放我了。”

所以孟获就再也没有离开诸葛亮了。

反乱平定后的统治，诸葛亮采用当地主义，任命反叛军的首领为当地的官吏。并且把远征的军队全部撤回到关中，这些措施，也可以说是对当地人的人心收揽术。

平定南方，断绝后顾之忧的诸葛亮，在那一年之内又攻下成都，更加接近了北征之途。

**总结：**攻心为上，是孔明先生善用的谋略，值得办公室的办公人员在各种场合灵活借鉴和使用。

## 3. 得民心者，得天下

领导者总要有自己威严的一面，也要有温柔的一面，要做到令行禁止，就不能忘记仁厚和爱心。孙子熟知掌握人心的重要性，有自己的一套掌握人心的理论，因此，他做到了宽猛相济，所向披靡。而晋文公和朱元璋又何尝不是如此呢？

"民可载舟，亦可覆舟"，"得人心者得天下，失人心者失天下"。这是中国民本思想的集中体现。在中国历史上，凡成就一番事业者，都懂得此道理。毛泽东之所以能够领导人民取得最后的胜利，就是因为他深刻地领悟这一点，知道人民群众需要什么，所以他得民心。小到一个企业、一个团体也是如此。

在古代，规范人们行为的道德标准就是信、义、礼，并以此来判断一个国家的强弱。春秋五霸之一的晋文公就深刻认识到了民心、民力"可用"。

在公元前636年，晋公子重耳结束了在外流亡的生活，回到晋国，做了国君，他就是晋文公。

晋文公回国后，就开始训练他的百姓。两年以后，晋文公认为差不多了，便准备用其百姓称霸诸侯。大臣子犯劝阻说："百姓虽经过训练，但还不懂得义，还没能各安其位，不能用。"

晋文公觉得有理，他便想办法让百姓懂得义。正在这时，周朝发生了"昭叔之难"。昭叔是周惠王的儿子，他的母亲是惠后。昭叔还有个哥哥，是太子，即后来是周襄王。惠后想立昭叔为太子，但没有得逞便死了。昭叔便逃到齐国，襄王即位后，将昭叔接回来。然而昭叔回国后，又和襄王之后狄隗乱搞。襄王知道后，便将狄隗废掉。这下触怒了狄隗的娘家，他们派兵讨伐周朝，周襄王便逃到了郑国。周朝在当时名义上还是各诸侯国的宗主，晋文王决定帮助周襄王返回周朝主政，并用此事教育晋国的百姓什么是义。他派出左右二军，右军攻杀昭叔，左军往郑国迎接周襄王返国。周襄王为表彰晋文公的功劳，待之以礼。晋文公推辞说："这是臣下分内之事。"晋文公用行动告诉百姓对上尽忠就是义。他帮助襄王返国后，又回国致力于发展，使百姓安居乐业，他认为这下可以使用百姓了。

不料，子犯又出来劝阻，他对晋文公说："百姓虽然懂得义，但还不知道信是怎么回事，还不能用。"

于是，晋文公又想方设法让百姓懂得信。他率领军队攻打原国，命令士兵们携带三天的口粮。军队围困原国城池整整三天，士兵们的粮食全部吃完了，而原国还未投降。晋文公就下令退兵。正当晋文公刚退兵时，派出的间谍从城里出来报告说："原国已经支持不住，准备投降了。"有人主张再坚持一下，等待原国投降。晋文公说："当初带三天军粮就是准备攻打三天，如今已下令退兵，就应该说话算数。如果不退兵，虽得原国而失去信用，百姓也就失去庇护。得失相比哪个多呢?"由于晋文公利用打原国教育百姓知道信，所以国内民风大变，凡事以信为本，人们作买卖不求暴利，交易分明，不贪不骗。

做到这些后，晋文公又问子犯："这回行了吧?"子犯回答："还不行。百姓虽知信、义，还不知道礼，还没有养成恭敬的风范。"于是，晋文公又在让百姓知礼方面作了很多事情。他举行盛大的阅兵仪式，每个环节都依照军礼执行，使百姓看到礼仪。又设立执秩之官来规定百官的等级及职责，使百姓知道对什么职官行什么礼仪。百姓们不但如此，还知道根据礼来判断一件事的是非。这时，子犯说："民力可用矣！民心可用矣!"

于是，晋文公开始伐曹国，攻卫国，取得齐国之地，解救宋国之围，大败楚国军于城濮，成为春秋五霸之一。

历史发展到了元末，朱元璋又是怎样树立威信，怎样收揽人心呢？下面所述就是一例。

1355 年春，滁阳军队缺乏粮草，朱元璋对郭子兴说："不能死守着孤城，只有攻下和州，才能解决粮草的问题。"郭子兴采纳了朱元璋的建议，派张天祐攻打和州。在城外，与元兵遭遇，张天祐打败了敌人，一直追到小西门，经过战斗，占领了和州城。郭子兴接到捷报，派朱元璋到城中进行安抚。

朱元璋带领一千精兵，来到和州，发现有的房屋被毁坏，百姓四处躲避，家人被拆散。经过查问，是张天祐部队破城所为。朱元璋暗自伤心，立即召来张天祐，说："你攻下和州，自然有功。但从滁阳到这里，不少人抢劫财物，掠夺百姓妻女，军中无纪律，这怎么能使百姓安定呢？你理应申明军纪，严为惩戒。"张天祐是郭子兴的旧部，对朱元璋的话并不放在心上，他说："那都是以前的事，现在就不要再说了。以后我严加管束，不再劫掠就是了。"

朱元璋见张天祐袒护属下，心中很生气，但没有表现出来。

不久，郭子兴派人送来檄书，命令朱元璋总领和阳兵。朱元璋考虑到张天祐和他的部将，大部分是郭子兴的旧部，军纪散漫已久，未必真心服从自己，并没有立刻宣读命令，只是传令诸将，第二天在会事厅商讨军事。

第二天，张天祐诸将首先来到会事厅，依据当时的右为上的俗例，都坐在右边。朱元璋有意来晚了一会儿，坐在左边席上。朱元璋让诸将发表意见，诸将低头不语。于是，朱元璋侃侃而谈，见解精辟，惊得诸将瞠目结舌。朱元璋看到诸将已有敬畏之意，又说："现在的任务是加固城池。我担任一半，诸将担任一半，三日内完成，怎么样？"诸将没有不同意见。三天的期限到了，朱元璋完成了任务，诸将还没有完工。朱元璋召集诸将，宣读了郭子兴的命令。读完命令，朱元璋面南而坐，郑重地说："我奉主帅命令统帅诸将，不是我擅自专权。今日筑城期已到，都未按时完工，若按军法从事，各位该当何罪?”诸将吓出一身冷汗。朱元璋又说：“筑城一事，暂且不究。从今往后，再取违背命令，定斩不饶!”诸将个个称谢，心中敬服。朱元璋收服了诸将，就命令他们将攻城时劫掠来的财物，统统发还给百姓。诸将立即照办。一时间，城中百姓奔走相告，传为佳话。

**总结：**要想在百姓中树立威信，并领导他们，单靠行政命令、铁的纪律是不够的，还要博得人心。收揽人心，不仅是方法问题，还是智慧手段问题。

## 4. 闪功给对方，他会死心塌地的卖命

见功就让，见过就担，这是管理者笼络人心的另一种高明手段，也体现了管理者的内在修为和人格魅力。

战国时代的吴起，既是一位武将，也是一位优秀的政治改革家。他在指挥军队时，十分注意收揽人心。

这是他担任魏国将军时发生的一段故事。他的衣食完全和士兵当中最下级的士卒一样，睡觉的时候不铺褥垫，外出时不乘坐马车，自己的粮食也完全由自己包捆携带，和士兵们同甘共苦。

身为一位将军，吴起的这种行动可以说是极为特别的，甚至有一次，士兵的脚肿痛不堪时，他亲自用嘴巴为士兵吸脓出来。也许有人会认为这是为了讨好士兵而力求表现自己的行为，但即使是为了表现自己，能够做到这么彻底，做到这种地步，确实是不简单。

后来，士兵的母亲知道了这件事以后放声大哭，于是有人问道："你的儿子只不过是一名士卒，将军却亲自为他吸脓，你有什么好哭的呢?"

士兵的母亲答道："事情不是这样子的，实际上是前年吴起将军为这位孩子的父亲吸脓，后来，孩子的爹出阵去了，他为了报答吴起将军的大惠大德，不使他背后受敌，最后终于战死。吴起将军知道这件事后，现在他又亲自为我儿子吸脓……好像这孩子的命运也已注定了，因此我才伤心地哭起来。"

后来这位士兵的命运如何虽然不得而知，但吴起确实不只精通用心之术，而且公平无私，很能抓住士兵的心里，因此他被拔擢为西河之守（地方长官）。

从吴起活跃的时代开始约百年以后，战国时代也过了大半，当时秦已经取得了优势的地位。但赵国出现了一位名将叫赵奢，他因“阏与之战”大败秦军而闻名天下。

赵奢的儿子叫赵括，自幼学习兵法，在学问上也发挥了他的长处，长大后就立志要做个天下无双的兵法家。

有一次，父子两人在论战兵法，赵奢一直无法同意儿子的看法，后来赵括之母询问其原因，赵奢回答道：“上战场是要奋不顾身拼死一斗的，但是他的兵法只是纸上谈兵，耍嘴皮子而已，如果他不被任用还好，万一当了将军，军队恐怕会被敌人打得溃不成军。”

赵奢死了后，秦马上兴起大军攻击赵，最初指挥赵军的是廉颇，他是一位身经百战的猛将，由于赵军的善战，令秦难以抵抗，秦乃应用谋略使赵王起用赵括。中了秦的计策的赵王，临阵撤将，换下廉颇，任用赵括为总指挥。结果，应了赵奢生前所说的话，赵括在“长平之役”中被攻打得体无完肤，自己也壮烈成仁。

在赵括临出阵的某一天，赵括的母亲曾上书赵王，希望他取消这个任命。赵王问她理由时，她作了下面的回答。

“这是我身为赵奢的妻子的体验。过去丈夫拜命将军时，一点也不骄傲自大，而且，大王所赏赐的恩赏，他也都分给每一位部下，接到了出阵的命令以后，家中的一切琐事他就不再过问。

但是小犬赵括和他的父亲不同，他拜命为将军，不只在点阅士兵时大摇大摆、骄傲自满，而且所赏赐的金银财宝全部都纳入自己的私囊，购置土地房子。有这种儿子，如何继承其父的职志呢？所以无论如何请您撤免他的职位。”

赵奢在平常和部下相处的生活中掌握部下人心，而赵括却完全漫不经心。赵王没有采纳赵括母亲的意见，结果赵括所率领的军队惨烈败北。最令人注目的是，在《史记》描述赵括苦战的文章叙述当中，插入这么一句话：“士卒心离”。如果赵括能像其父赵奢那样，平常就善于掌握部下的人心，即使是陷入苦战，也许还能保住全军，突破重围全身而退。

像军队这种战斗团体，士卒的人心掌握成功与否，常常决定其战斗的胜败。所以，吴起也好，赵奢也好，都能和士兵共寝食，毫不吝惜地散发金子和贵重物品，以掌握他们的心。相反，如果将领得不到士兵的忠心拥护，多么伟大的作战计划，也等于是纸上谈兵，不能克敌立功，反会溃败身亡。

为部下让功需要有宽容之心，这也正是人格魅力的体现。夏原吉“成人之美”令无数人称道，作为今人也值得借鉴。

明代成祖、宣宗、英宗三朝，出了许多德才兼备、功名显赫的文臣武将，其中就有夏原吉。

夏原吉曾任少保、户部尚书，他天性宽厚平和，不论认识或不认识的人，都称赞他有仁者之风。有一位将军叫吕震，曾在皇帝面前攻讦他笑里藏奸，他也毫不在意，后来吕震为儿子求官，恳请夏原吉替他在皇帝面前美言几句，夏原吉不念旧怨，对宣宗皇帝称吕震有守城的功劳，理应受到褒奖。

夏原吉不仅宽厚待人，还足智多谋，救了不少仆人和官吏，

一次，在户部的衙署办公，夏原吉接到一份重要的公文，因为要呈交皇帝审阅，他用了整整一天的工夫才亲自抄毕。他捧着文书反复读，像欣赏一件美妙的艺术品。文书也确实写得很美，精细、考究，每一个字都像是篆刻上去的。然后他唤来一位吏员，让这位吏员为文书画押。

吏员刚捧着文书出门，夏原吉不放心，又随后追了出去，叮嘱他千万小心，不要把文书损坏。

可是夏原吉等了很久，也不见吏员返回，便焦急地出外察看。不想，发现这位吏员赤裸着上身，跪在院子中央簌簌发抖。夏原吉很奇怪，就走上前问他怎么回事。只见这位吏员低着头，半天才说了一句：“大人，您处罚我吧！”

原来，这位吏员在给文书画押时，忽然吹过一阵风，把桌上的笔墨掀翻，墨迹弄污了文书，他知道自己闯了大祸，便裸露身体，等待挨罚。

夏原吉不觉头晕目眩，心里直发紧。他想：这还了得！明天就要呈送皇帝御览，来不急再重新起草，而这样弄污的文书交与皇帝，那可是大不敬的啊！别说这小小的吏员担待不起，老夫也是……可是他看了一眼跪在地上的吏员，不免又动了恻隐之心，想：如果说了实情，这小吏就会掉脑袋，还是我来承担吧！于是，夏原吉对吏员说："起来吧，这与你有什么相干！今后小心就是了！"

吏员千恩万谢地走了。第二天，夏原吉就带着这被污的文书上朝面君去了。

一见皇上，夏原吉就呈上污损的文书，一再请罪，说："臣年老体迈，不慎将文书污损，望陛下见谅！"说完，还请求免去自己尚书之职。

皇帝一看夏原吉态度诚恳，主动承担责任，也就不再怪罪，令他另拟一份罢了。

做人第一要讲的是操守，重才更应重德。夏原吉为官以德为本，不计较个人得失，忍辱负重，堪称一代名臣。他体谅自己的下属，不仅不随意处罚，反倒主动承担责任，代人受过，这种涵养和度量，实在是难能可贵的。他还充分利用自己在朝中的地位，明知一点小过错是无足轻重的，因此才做了这种"成人之美"的好事。但能说这不是一种处世的智谋吗？

现代的主管对待部下的第二种类型是独断专制型，由于对自己的能力自信自满，对部下所做的事总觉得慢吞吞的不满意，所以什么事情都一个人自己做。结果丧失了部下亦不自觉。我们经常称这种类型的人为"工作的奴隶"，他们到后来往往连一个部下也没有。结果不是被人绊倒，就是自己跌倒，而从成功大道中脱离出来。

这种类型的主管，下面这则故事很值得他们参考借鉴。

有个人叫张汤，他由地方的一位小官吏做到了汉朝的副宰相，是一位极有才干的官吏，执法甚严，也深得汉武帝的信任。

他不只在工作上非常有才干，且对人际关系的处理也很巧妙。他之所以能步上成功之路，主要是他会抓住机会，时常拜访奉承朝廷的重臣，而且，对于不喜欢他的人，表面上也以尊敬的态度和他们交往。所以，不论他执法有多苛刻残酷，他的风评依然不坏。

张汤对待部下的态度是这样的：

张汤因为某一案件要恳请武帝的批准，但是被武帝指责为不完善，于是他立刻向武帝谢罪，但通常这个时候，他会举出自己部下当中有才能的人的名字，回答武帝道：

“刚刚圣上您的指责得对，我的部下某某确实提出了相同趣旨的异议，但是属下愚昧，没有采纳他的意见，这完全是我的责任。”

结果相反地，当案件再度呈上去时，受到了武帝的褒奖，张汤依然会举出部下的名字道：

“这不是我的判断，是我的部下向我提供意见，我照单采用而已。”

夏原吉主动承担责任，替属下受过，张汤有罪完全自己承当，有功则归于部下，可以说他们是掌握部下人心的高人啊。

**总结：**诚恳待人，宽宏大度，是一个人的修养所致，也是一个人的人格魅力所在。

## 5. 讨好的结局让对方换位思考

一味的讨好别人是达不到目的的。只有设身处地地关心他人，了解他人，才能知道他人真正需要什么。这才能对症下药，做到事半功倍。

美国有位著名律师、商业领袖说过：“能设身处地为他人着想，了解别人心里想些什么的人，永远不用担心未来。”

要想钓到鱼，得问鱼儿吃什么。要想他人为你做些什么，就得知道他想要什么。

第一次世界大战期间，英国首相劳埃德·乔治正是采用了这种办法。有人问他，许多战时领袖——像威尔逊、奥兰多利克里蒙梭——都逐渐在人们心中褪色，而他如何仍能位居要津？乔治回答，如果一定要归诸一个原因的话，那就是你要钓到什么样的鱼，就得用什么样的诱饵。

在中国古今名人将相中善于用人，掌握人心术的比比皆是，但下面的孟尝君讨好食客的例子，却值得我们去思考。

齐国宰相孟尝君，在当时就拥有数千人的食客，是一位举足轻重的有名人物。孟尝君之所以能网罗这么多有用之才，首先最重要的是他投下他所有的财产，礼遇这些食客，让他们过着优越的生活，以现在的说法就是保证高薪。但是，只有物质的保证，在某一种程度上虽然可以聚集人才，却不能期望他们在危急的时候为自己献身。所以，孟尝君为了得到这些食客的人心，也费尽心思。

比如说，当他接见新加入的食客时，会探听食客的家庭状况，以及有关亲戚兄弟的消息，叫书记躲在帷帐后面记录下来，等到食客退出后，立刻派人赠送东西给他们亲族，而且一个也不遗漏，令食客感动不已。

有一次，孟尝君和一位食客共进晚餐时，由于家人站在灯火面前挡住了光线，所以看不太清楚，食客误以为菜肴有差别，于愤怒地扔下筷子要退席，孟尝君赶紧拿着自己的莱肴来到食客面前，证明菜肴并没有差别。食客深觉自已的行为非常可耻，于是刎颈自杀。这件事一传开后，孟尝君的声望更是大大提高。

由于孟尝君对每一位食客都没有差别待遇，而且做得很巧妙，所以每位食客都深深认为，只有自己才受到这种特别的恩顾。

然而，当孟尝君丢掉了齐国宰相的宝座时，数千名食客也都立刻离他而去。后来，由于一位叫冯谖的食客的帮助，孟尝君再度当上了宰相，当时他对冯谖说道：

“我平常讨好食客，也很礼遇他们，所以在我身旁的食客超过三千，这是你所知道的。但是，他们一知道我这宰相之位保不住了，都背叛我而去，现在，由于你，我才能够回到原来的地位，那些食客应该没有脸再来见我，他们还有什么脸回来呢？如果真有人回来，我很想往他脸上吐唾沫。”

如此看来，孟尝君并不是真的善于掌握人心了。司马迁也在《孟尝君列传》的最后记载道：“世人皆传言孟尝君善于讨好食客”，认为他的做法只流于讨好他们，却未必能抓住他们的心。他特意表现出来那种做作的不自然，恐怕食客们一眼便能看穿了。

孟子云：“天时不如地利，地利不如人和。”以此理统军，便可先敌制胜；以此理治国，国便可大治；以此经商，便可获大利。俗话说：人心齐，泰山移。人心服了，才可以上下同心协力，也才能使事业有成。

无独有偶，东晋的祖逖便是这样的一位将才，他礼贤下士，宽以待人，从不做作，刻意讨好，为此深得人心。

祖逖是东晋的名将，年轻时闻鸡起舞，志在收复中原。他后来屡建奇功，使黄河以南的地区都成为东晋的疆土，其中一个重要原因，是他对人不论亲疏贵贱，一律以礼相待，因此深得人心。

祖逖担任豫州刺史时，有一次遭到了谯郡太守樊雅的偷袭。在讨樊雅的战斗中，陈川派部将李头率军支援祖逖，终于攻克了谯城。

陈川的部将李头在这次战斗中作战十分英勇，立了大功。祖逖缴获了樊雅的一匹骏马，李头抚摸着骏马，久久没有离开，直夸这是匹不多见的千里马。祖逖看出李头很喜欢这匹马，只是不好意思开口要。虽然祖逖也很喜欢，但他更爱英雄，便豪爽地把骏马送给了李头。这使李头深为感动，常常叹道："如果能在祖逖这样的将领下做事情，我即使死了也没有什么可遗憾的！"

后来这话传到陈川的耳朵里去了，而陈川是个心胸狭隘的人，竟然因为李头的这句话，大为发火，把李头杀了。

李头的亲信冯宏从这件事看出祖逖是爱惜将才，爱护部下的人，而陈川却是个无情无义的人，就带领400名部下去投奔祖逖，受到了祖逖的礼遇。

这下陈川更加发怒，居然派他的将领魏硕抢掠豫州各郡，俘获了很多人口和车马。祖逖得知后，派人在谷水迎击魏硕，全部截获了他们所掠的人口和车马。但是祖逖并没有扣留他们的军队，把他们全部放回，并且一点儿东西都不留下。

陈川最后落得个众叛亲离，变节投降了与东晋为敌的石勒。

祖逖像这类善于体察下属的心思，尽量给予满足的事例，不胜数举。他自己生活很俭朴，把省下来的钱尽量帮助部下，部下只要有了一点功劳，他立即给予奖励，连一天时间都不超过。所以部下都对他感恩戴德、甘愿为其冲锋陷阵。

祖逖严以律己，真诚待人，治军先揽心，为此得到属下拥护，甘心为他所用，收复了黄河以南大片国土。

孔子说："己所不欲，勿施于人。"我们时时刻刻为对方着想，设身处地为对方考虑，要赢得对方的心就比较容易了。

只有明白了对方需要什么，才不会盲目地讨好，使对方产生逆反心理。

英国元帅蒙哥马利曾统帅过美国军队。一次，他对官兵们讲话，谈到他与艾森豪威尔将军的友情，说到他对美国的热爱以及希望战后访问美国。他原以为这段讲话，会赢得官兵的欢呼、掌声，因为他表达了对他们的国家如何友好、真诚，然而，事与愿违，台下一片哗然，有的士兵甚至叫起来，问他说这话是什么意思。

蒙哥马利事后一想，明白了：战争中士兵最关心的，是战争何时结束，他们何时与家人团聚。于是，在此后的讲话中，蒙哥马利就强调他自己："比谁都急于早日结束战争，让大家回去团聚。"同时他还鼓励士兵"成功地执行自己的任务，并作为一个自豪的人回到家中。"

所以，我们要从对方的需要出发，就要关心对方、了解对方，知道对方在想什么，尤其是要从对方所处的环境中去理解对方。鲁迅先生曾给我们留下这样一段名言："石油大王哪知捡煤渣老太的心酸，灾区的饥民总不会去种兰花，就连贾府中的焦大，也不会去爱林妹妹的。"

**总结：**无论是为官从政，还是从商或结交朋友，一味地讨好别人是达不到目的。只有设身处地地关心他人、了解他人，才能知道他人真正的需要什么，然后对症下"药"。

## 6. 绵绵不绝的涌泉相报，需要滴水之恩的投资

投资是为了取利，当然希望有回报。感情投资也是一种投资，自然也要求回报，无论是在官场上还是商场上。

人在社会中生活不可能一帆风顺。当对方遇到困难时，我们要及时给予帮助。当朋友渡过难关时，他会加倍珍惜你们之间的友谊，甚至会以死相报。正所谓“滴水之恩，当涌泉相报”，救人于水火之中，助人于患难之时，这是我们这个古老的民族历来所推崇的高尚情操。人在患难之时，哪怕是一点点的安慰和同情，也能变成干渴中的清泉、洪荒中的桅帆、严寒中的炭火、黑暗中的灯盏。

所谓“人生难得一知己”、“士为知己者死”，就掌握人心而言，有其侧面的重要含义。

春秋时代末期，晋国有一位男子叫豫让。他最初仕于范氏、中行氏时并不被重用，直到后来仕于一位名叫智伯的人时，才深受重用。智伯想把晋国占为己有，于是去攻打和他对立的赵襄子，结果反而被打败，智伯也因而丧生。这时豫让逃到山中，发誓要为智伯复仇，并立下誓言：“士为知己者死，女为悦己者容，我一定要为智伯报仇。”

之后豫让不惜牺牲一切，伺机要杀害赵襄子。但是因为事迹败露被抓到赵襄子面前，曾经一度原谅豫让的赵襄子，这次再也无法忍受了。

“你不是曾经仕于范氏、中行氏吗？而灭了他们的就是智伯，你曾为他们报过仇吗？后来你仕于智伯，为什么非得复仇？”

“我仕于范氏、中行氏，只受到普通的待遇，所以我也普通地回报他们，但是智伯他以国士礼遇我，所以我也以国士之礼回报他。”

豫让说着，就举剑刺向自己的身体。

这就是有名的豫让复仇故事。其实豫让所仕的这位智伯，风评非常不好，他攻打赵襄子，只是出于自己的私利私欲，想要扩张自己的领土。

《韩非子》一书这样批评智伯："如欲蒙敝双眼而终至灭国，自己也落得身亡的下场。"豫让之所以肯为这种人效命，其原因很简单，就是智伯了解他、赏识他。

只因为"赏识他"而舍命报仇，豫让的行为以我们现代人的眼光来看，也许会以为他太过于极端了。然而，既使是现代社会，也有很多人都希望能在赏识他的人手下工作。所以，即使不了解豫让的行为，也应该能够了解他的心情。

反过来说，赏识确认对方的价值，就是掳获对方的心的第一步。

施恩不图报，这是自古以来的崇高道德观。不过，如果力求回报而施以恩惠，这就成为一种感情报资，这也是古代政治家借以广揽人才的手段。

南朝萧道成对戴僧静的恩惠就属于后一种。

南朝刘宋明帝时，萧道成镇守淮阴，暗地扩张自己的势力。

有一个叫戴僧静的人，他原为会稽永兴人，其祖戴饰因在刘宋初年犯法，全家被徙往青州。刘宋明帝时，沈文秀叛入北魏，正在沈文秀手下任职的戴僧静也被裹挟到北方。不久，戴僧静又带领家属逃回来，正在淮阴的萧道成见戴僧静有胆有识，武艺高强，便将他收留。后来，戴僧静私自将京城的锦缎运出，违反了国家禁令，在兖州被发现，身陷囹圄之中。萧道成知道后，便派人到兖州狱中给戴僧静送饭，并将一把刀子藏在鱼腹之中，戴僧静得到刀子之后，便把送来的酒全给狱中看守的喝，趁其烂醉昏睡之时，用刀将刑具打开，然后将墙挖穿后逃出。逃出之后，萧道成把他深藏在府中，并且每年接济其家许多粮食，以使其家免于贫困。

俗话说，士为知己者死。后来，萧道成回京城，入朝作了辅政大臣，掌握了刘宋王朝的实权，沈攸之反对萧道成，于荆州起兵，司徒袁粲也在朝中起兵，与沈攸之里应外合。在萧道成腹背受敌之时，戴僧静率领心腹，身先士卒，全力攻打，斩杀袁粲，为萧道成除去心腹之患。

萧道成取代刘宋天下时，很多人都为他尽力效忠，这与他平时对人才的延揽有关。看萧道成与戴僧静的结交，不外乎施恩二字。戴僧静作为叛臣回归，萧道成给予收留任用；戴僧静犯禁入狱，萧道成给予解救藏匿；戴僧静家贫无米，萧道成则以粮接济。人心并非铁石，萧道成一次次对戴僧静投之以桃，戴僧静能不报之以李吗？

作为感情投资，萧道成对待戴僧静，是伴以物质利益的感情投资。在这种感情交易中，双方都取得了自己所需要的东西。

威尼斯著名的心理学家阿尔费德阿德勒在《生命对你的意义是什么》中写道：

“凡不关心别人的人，必会在有生之年遭受重大困难，并且大大伤害到其他人。也就是这种人，导致了人类的种种错失。”

无论收揽人才，还是交朋友，只有真诚地关心别人，别人才会注意你，回报你。那我们如何关心别人，如何才能闯入别人的世界？

有人曾采用电话通话做过一项调查，看哪一个字是人们最常用的。想必你一定猜到了，正是“我”这个字眼。500 个通话中，这个字约用了 3900 次。“我”、“我”、“我”……

当你见到一张你和别人的团体照时，你最先注意的是哪一个人？肯定是“我”！为什么不去想想别人呢？

如果我们想结交朋友，就要先为别人做些事情——那些需要花时间、精力、体贴、奉献才能做到的事。当温莎公爵还是威尔斯亲王的时候，曾有一次计划到南美旅行。旅行之前，他花了好几个月的时间学习西班牙语，以便为当地的公开演讲作准备，南美州的人因此特别敬爱他。

对别人表示真正的关注，不仅会让你结交朋友，并且会为公司争取到客户。位于纽约的北美国家银行，在他们定期出版的刊物里，刊登了一封储户玛德琳·罗丝戴尔的来信：

“我很愿意让你们知道，我十分感谢贵银行的职员。他们个个谦虚有礼，非常乐意帮助人。在排了长长的队伍之后，能受到柜台出纳员亲切的问候，真让人感到高兴。

去年，我母亲住院5个月，使我常有机会去找玛丽·派屈琪罗。她是柜台出纳员，非常关心我母亲，常常问起我母亲的病情。”

罗丝戴尔女士以后会不会继续光顾这家银行，那还用问吗？

费城的奈佛先生多年来一直想把燃料卖给一家大连锁店。但是这家连锁店一直向外地购买，运货的路线正好从奈佛先生办公室的门口经过。奈佛先生有天晚上经人点拨，来了主意。

首先，他准备了一个辩论会，主题就是连锁店的广布对国家害多益少。然后奈佛先生加入反方。由于要为连锁店辩护，他便前往拜访一位他原本瞧不起的连锁店经理，告诉他：“我不是来推销燃料的，我是来找你们帮忙。”他把来意说明了，并说：“我来找你是因为，我想不出还有其他人能给我提供更好的事实。我很希望能赢得这场辩论，无论你提供什么给我，我都十分感谢。”

还是让奈佛先生自述吧。

“我原先要求这位经理只要拨出一点时间，所以他才同意见我。当我把事实说出来之后，他指着一张椅子要我坐下，并且整整谈了一个钟头47分钟。他请来另一位主管，这位先生写一本有关连锁店的书。他又写信给全国连锁店公会，替我要来一份有关这个问题的材料。他觉得连锁店提供了最真实而方便的服务，他也以自己能够为许多社区服务为荣。当他侃侃而谈的时候，两眼发亮，我也不得不承认他的确让我明确了许多意想不到的事，他改变了我整个心态。

在我离去的时候，他陪我走到门口，用手揽住我的肩膀，祝我辩论得胜，并且要我再去看他，让他知道辩论的结果。最后，他向我说：春天来的时候请来看我，我很愿意向你买些燃料。

这真是个奇迹，他居然主动提起买燃料的事。由于我对他们连锁店的关心，使他也转向关心我的产品，因而能在这两个钟头里，达成10年来所不可能的事。”

奈佛先生所发现的并不是什么崭新的道理。早在公元前100年，有个罗马诗人帕利里亚斯·赛洛斯就说过：“当别人关心我们的时候，我们也关心他们。”

**总结：**投资作为一种取利手段，当然要指望回报。感情投资也是一种投资，当然也要求回报。欲话说：“滴水之恩，当涌泉相报。”这是受恩者的道德与价值观，也是感情投资者取得回报的巨大市场。

# 第三章 “人多成王、树多成墙”

要想成就一番事业，就要建立各种相应的关系网络。众星捧月，才能显示出月的不平凡。

## 1. 攻心为上的怀柔之术

“施之以德，取之以信”，这种怀柔政策是攻心的一种重要方法。老百姓也经常被这种心理攻势所征服，情愿对攻心者马首是瞻。

晋武帝司马炎称帝后，便有灭吴的打算。他任命羊祜为都督荆州诸军事，统率大兵出镇。

羊祜到了南方后，实行怀柔政策，开设学校，安抚远近地区，很快得到江汉一带百姓的拥护。他还对吴国人开诚宣布，凡是来投降的人想要离开决不阻拦，去哪儿都可以。

吴国石城的守备距离襄阳七百多里，常常来侵扰，羊祜用了一个计策使吴国撤消了石城的守备。这样他就可以减少一半戍兵，分出来去开垦了八百余顷田地，大获收益。羊祜刚到的时候，军队没有百日的存粮。后来，居然积蓄了可供十年之用的储粮。皇帝下命令撤销江北都督，设置南中郎将，把他们所属的在汉东和江夏的各军都归羊祜统领。

羊祜后来进一步占据险要地区，建造了五座城，收取大批肥沃的土地，夺得了吴国人的资产，石城以西，尽归晋国所有。从此，吴国来投降的人络绎不绝。羊祜就更加提倡实施恩德信义，用怀柔政策来笼络刚刚归附的人。

羊祜每次和吴军交战，总是先约定好日期才开战，不搞突然袭击。有的将帅想提出诡谲奸诈的计策，羊祜就不断地给他们灌酒，使他们无法开口。有人抓到吴国的两个人作俘虏，羊祜又把他们遣送回家，后来吴国的将领邵凯，夏祥等人来投降。陈尚、潘景带兵进犯，羊祜追杀了他们，但又称赞、宣扬他们的气节，厚加殡殓。陈尚、潘景的子弟来迎丧，羊祜还用隆重的礼节把他们送回家。

吴国的将领邓香到夏口进犯、抢掠，羊祜悬赏活捉邓香，捉到后却又把他放回去。邓香因此非常感恩，率领他的部下前来投降。羊祜的军队出行，经过吴国的地段，收割地里的稻谷作为粮食，都计算好收割稻谷的数量，用绢偿还。每次会集部队在江沔一带游猎时，一般总是在晋国境内。如果禽兽为吴国人所伤而后被晋兵所得，他就让人送还给吴国人。于是，吴国人都对他心悦诚服，尊称他为羊公，而不呼他的名字。

羊祜和吴国的将领陆抗对垒。两军使者常有来往。陆抗十分称赞羊祜的德行和度量，认为即使乐毅、诸葛亮也不能与他相比。陆抗有次生病，羊祜了解了他的病情后，就派人给他送药去。陆抗高兴地服下，一点儿也没疑心。有人怕药里有毒，进行劝阻，陆抗批评说："羊祜哪里是个会害人的人！"

陆抗自然也清楚羊祜实行的是怀柔政策。因此，他常常告诫他的部下："如果羊祜他们专门施德，而我们专用暴力，这就会不战自败啊！现在只要各保自己的疆界就可以了，不要去追求小利。"吴国的皇帝孙皓听说吴晋边境和好，便责问陆抗。陆抗回答说："一个小镇、小乡，尚且不可以没有信义，何况泱泱大国！我如果不这么做，就只会使羊祜的名声更大，对他毫无损伤。"

羊祜在对吴国军民实行怀柔政策的同时，修缮盔甲，训练士兵，作了广泛的军事准备。他上书给晋武帝司马炎说：平定蜀地已经13年了，现在吴国的孙皓暴虐无道，吴国的百姓困苦不堪，而我们晋军的力量比过去更加强大，应该抓住时机，平定东吴，统一天下，使天下安宁，人民和好。他对灭吴的战略战术也提出了许多精辟的意见，晋武帝非常赞同。

后来羊祜卧病，回到洛阳。他又抱病向晋武帝当面陈述伐吴大计。此后，晋武帝还派中书令张华，去询问他的筹划和策略。

羊祜病情越来越重，他便推举杜预接替自己。不久病逝，亨年58

岁。当天大寒，晋武帝穿着丧服悲伤地哭泣，泪水流到鬓须上，都结了冰。荆州人在集市上听到羊祜病逝的消息，没有一个不嚎啕痛哭，集市贸易因而停止，哭声连成一片。吴国守边的将士也都伤心地为他落泪。

羊祜死后两年，吴国被平定。大家都为皇帝庆贺。晋武帝拿着酒杯流着眼泪说：“这都是羊祜的功劳啊！”

怀柔政策是一种战略措施。俗话说：“得民心者得天下。”这也是运用怀柔政策的根本所在。

运用怀柔政策，往往是在我强敌弱，我盛敌衰之际，否则，怎可对敌人乱施“仁义”！

春秋时有个宋襄公，作战时以“仁义”为旗帜，不乘敌军危偷袭，不擒老弱，不杀伤病，结果被敌人打得落花流水，本人也受了重伤。宋襄公因此成为历史上著名的蠢人。羊祜虽然对敌军施以礼义，提倡仁德，但他用的是怀柔之策，他的内心一时一刻也没有忘记要消灭对方。他通过安抚、笼络，瓦解了敌军的斗志，获得了敌国的民心，为最后的胜利铺平道路。可见和宋襄公绝然不同。两军对垒，攻心为上，羊祜的怀柔政策，其实是很厉害的一招。

**总结：**以“攻心”为目的的怀柔战术，不仅古代有，就是在现代商战中，也常常能见到这种战术的踪影。

## 2. 别人对你产生好感，水到渠成

从交际心理看，人们初次见面交谈，没有人不愿意受到对方的接纳和尊重。能不能尽快搞清对方的姓名、工作单位和职务以及其他有关情况，往往是你对这个人是否重视，是否感兴趣的标志。

如果你和人家相识，连人家的姓名都记不住，甚至张冠李戴，就会失礼，令人尴尬，必然会影响交际效果。

毛泽东在这方面可谓是专家。他不仅能记住别人的名字，还能记住有关这个人的一些基本情况。

1958 年 8 月，毛泽东到济南视察，正逢济南军区召开党代表大会。8 月 9 日下午 3 时 30 分，毛泽东在接见了大会代表之后，在长征中一直担任其警卫员、时任昌潍军分区副司令员的陈昌奉，经请示有关领导去见毛主席。他来到主席面前，慌忙地敬了一个礼，激动得一句话都说不出来。主席惊喜地说："陈昌奉吗?"陈昌奉急忙答："是我!"主席伸出宽厚的大手，陈昌奉连忙用双手紧紧握住。主席感慨地问："离开十几年啦！你好吗?"陈昌奉答道："12 年啦，主席您好。"接着，主席又关切的问："你回过家吗?""1953 年回去过。"主席又问："是回宁都老家吗?""是宁都。"主席又问："家里怎么样？还有什么人?"陈昌奉一一作了汇报。他没想到一个日理万机的国家主席，对这些事情还记得这么清楚。

在日本古代有个很有名的政治家叫町田忠治。他是个其貌不扬的矮小男子。但他有个别人无法模仿的能耐，那就是他对于人的名字有过目不忘的本事。这一本事帮助他成为一个受人欢迎的政治家。他到各地去演说时，常和当地的政要和有权势人士碰面。只要是他曾经见过面的人，他都可以叫出其名字。“町田先生真的把我当成朋友，连我孙子的事都记在心上!”这种热情的态度的确让人感动。虽然没有什么道理可说，但这的确就是町田先生成功的地方。

记住对方的名字能使对方受到鼓舞。我们知道，每个人在别人面前都有表现欲，对方记得自己的名字，而且叫得出自己的名字，这正是对方认同自己存在的证据。所以，在社交中要给人留下深刻印象，就要能一次就记住对方的名字并且留意对方身边的事。

一位企业家曾说起过这样一件事：

当初在接手承包一个厂子时，心里并不踏实。因为学的专业是机械，而当的是电子行业某厂厂长。再说生产效益好的、一切顺当的企业，别人也不会让你承包的。有一天晚上，正当他心里如十五个吊桶打水——七上八下之际，有人叩响了他的房门。来者正是厂里的资料管理员，50 岁出头，微弯的身躯，显得有些卑微。

“您是李明吧，快请坐。”厂长脱口叫出了来者的名字（请注意，记住对方的名字，这是厂长的第一胜招)。

“是的，是的。”来者有些惊讶：厂长认识自己。他的心里与其说是欣喜，倒不如说是更多地充满了感激。因为，厂里的职工知道他大名的并不多。大多数人叫他“老头子”。

“厂长，您没事吧，我来打扰您，有件事不知该说不该说。”李明嗫嚅着说。“李明同志，我正想抽空登门拜访呢，想不到您先来了。你这个美国麻省理工学院的电子学博士，该为我厂出出点子啦。”（对其历史资料非常熟悉，这是厂长的第二胜招)。

这一下，更让李明感动不已了。自 50 年代初回到祖国后，没干上几年，就成了一次又一次的“运动对象”，几十年来，原来那风流倜傥的青年博士，早已被人遗忘，抛弃在一个小小的资料室里，变成一个卑微、懦弱的小老头了。这些日子里，他从新上任的厂长身上，似乎看到了一丝希望。正是为了这个，他才下决心前来找厂长谈谈自己心中的一些设想。可就在三分钟前，他叩响厂长的房门时，心中还是忐忑不安的。这会儿，他只有一个思想，厂长是可以信赖的，自己会有用武之地的（厂长的两个胜招已经发挥作用）。

这一晚，李明说出了他的全部设想，这也是他平生最长的一次讲话。新厂长除在一些不太清楚的地方插问几句外，一直在全神贯注地听着、记着。谈话结束时，东方已露出了一丝晨曦。

后来，正是这位“老李头”的建议为这个厂带来了活力，他本人也被任命为总工程师兼副厂长。

所以，记住别人的名字，尤其是在一些正式场合和上级与下级谈话时，对对方一是表示尊重，二是可以使对方感到自己受到了重视。

**总结：**间接地强调“为了你”，那么，即使微不足道的一件小事，也会令对方心存感激。事实证明，记住对方或者对方重视的人的生日和姓名，他很容易对你产生好感。

## 3. 把异端分子全部均衡化

善借矛盾能为我所用者，得莫大焉。古代三十六计中有“借刀杀人”之计，还有“以夷制夷”的策略，说的都是这类谋略的运用。当自己的力量尚不足以左右全局时，就可以借助一方的势力去与另一方抗衡，达到削弱敌方、壮大自己的目的。

南北朝时，刘景素在别人的蛊惑下意欲谋反，受到了刘昱的怀疑。刘昱派人暗中调查寻找蛛丝马迹，当调查人问到萧道成时，萧道成例举了刘景素的许多功勋，并说刘景素不会造反。刘景素一方面出于对萧道成的感激，另一方面也为保护自身安全，便秘密与萧道成交结。萧道成对刘景素却加以拒绝，不与其往来。萧道成此举，用意很显明，他为刘景素辨诬，是为了不让刘昱轻易将他搞倒。他不与刘景素结盟，是为了让他处于受排挤压抑的地位。他要坐视刘氏王朝内部矛盾的激化。

果然，刘景素为了自防，开始扩大自己的势力。冠军将军黄回、游击将军高道庆、辅国将军曹欣之、前军韩道清、长水校尉郭兰之、羽林监垣祗祖等人全都依附刘景素，还有一些失职不得志的武人，也成了他的座上宾。刘景素自以为时机成熟，便真的发动了政变，举兵造反。而萧道成此时却站在朝廷一边，出兵屯驻玄武湖，阻止刘景素军，最后将其平定。

萧道成平定刘景素叛乱后，威信、地位更加提高，不久，他就利用权力将刘昱搞掉，另立傀儡皇帝宋顺帝，完成了他代宋建齐的关键一步。

善借矛盾能为我所用者，得莫大焉。古代三十六计中有“借刀杀人”之计，还有“以夷制夷”的策略，说的都是这类谋略的运用。

当自己的力量尚不足以左右全局时，就可以借助一方的势力去与另一方抗衡，达到削弱敌方、壮大自己的目的。

如诸葛亮联吴抗曹，大破曹操于赤壁，得以成“三足鼎立”之势。又如满清也正是利用吴三桂与李自成的矛盾，顺利地引兵入关，得了大明的天下。

萧道成在经营帝业时，巧妙地制造、激化、利用刘宋皇室内部的矛盾，从而壮大了自己。由此可见，利用矛盾，借势而动，不但广泛运用于军事斗争中，在政治经营中也显出奇效。下面还有一例。

南齐东昏侯萧宝卷为帝时，昏庸暴虐，猜疑滥杀，权臣们勾心斗角，你争我夺，朝中一片混乱，呈现出江河日下，摇摇欲坠之势。镇守襄阳的萧衍，劝在郢州的哥哥萧懿以之合势举兵，共图大业。萧懿不从，乃入朝为官，并为朝廷平定了两次叛乱，立有大功。然而萧宝卷害怕萧懿功高威胁自己，竟将其杀害。萧宝卷杀了萧懿之后，又准备加害在襄阳的萧衍。

永元二年（500 年），萧宝卷下令辅国将军、巴西、梓潼二郡太守刘山阳，领兵 3000 以赴任为名西上，与萧颖胄合势，共袭雍州刺史萧衍。

萧颖胄当时任冠军将军、西中郎长史、南郡太守、代理荆州府、州事，驻守在江陵，在萧衍的正南方。江陵是长江上中游重镇，北控襄阳，东控下游南京。如果刘山阳真的与萧颖胄合势，则襄阳真的就岌岌可危了。

萧衍听到刘山阳西进的消息，决定阻止他与萧颖胄合势，便派参军王天虎、庞庆国到江陵，面见萧颖胄，告诉他此次刘山阳西上，是要袭取荆州和雍州，劝他与萧衍合势，共抗刘山阳。萧衍还把这个意思写了许多封信，让王天虎交给荆州府中的所有官员。

萧颖胄见到王天虎后，仍然犹豫不决。眼看刘山阳出发已有多日，萧衍对诸将说：“荆州人本来惧怕襄阳人，而且荆州与襄阳互为唇齿，唇亡齿寒，如果襄阳被刘山阳占据，荆州也会为自己的安危担心，所以，萧颖胄一定会响应我的。如果我与萧颖胄合势，总领荆、雍之兵，就能挥兵东扫。萧宝卷即使有韩信、白起那样的智通将军都无济于事，更何况这个无能昏主身边，只是些御刀应敕之徒呢！我有一条妙计，能叫刘山阳一到荆州便丢掉脑袋。”

这时，刘山阳已经走到巴陵（今湖南岳阳），萧衍闻听，便命天王虎再次送信到荆州。但这次所送之信只有两封，分别给萧颖胄兄弟，别的州府官员一概没有。王天虎走后，萧衍的从舅张弘策问：

“上次王天虎送信，给了所有荆州府官员，这次只送给萧颖胄兄弟二人，这是为什么？”

萧衍笑了笑说：“夫用兵之道，攻心为上，攻城次之，心战为上，兵战次之。今天我所用之计便是攻心之战。我上次派王天虎去荆州，每人都给了一封信。而今天所给的两封信不同于上次，你知道我写的是什么内容吗？”

张弘策摇了摇头。

萧衍接着说：“我那封信上只写了‘具体事宜，天虎口授’八个字。萧颖胄看完信，一问王天虎，王天虎却什么也说不出来，萧颖胄问不出什么事情，也不能向州府官员转达什么。众人一定会误以为，萧颖胄和王天虎有什么密谋而瞒着他们，就会怀疑他和我要联手对付刘山阳。这种议论传到刘山阳耳朵里，刘山阳一定会对萧颖胄产生怀疑，这样，萧颖胄一定会处于说不清道不明的境地，就会与我联手。这就叫发两空函而定一州。”

果然不出萧衍所料，荆州人纷纷传言，萧颖胄与襄阳方面有密约，要擒拿刘山阳。这时，刘山阳已经行到江安他听到这个消息，便停军不进了。

刘山阳驻足不前，分明是不信任萧颖胄。萧颖胄此时北既未与萧衍联手，而又受到刘山阳怀疑，计无所出。他连夜派朱景思呼西中郎城局参军席阐文、谘议参军柳忱等人前来议事。席阐文说："萧衍在雍州畜养兵马已经不是一天了。江陵人一向惧怕雍州人，我们的兵马不一定敌得过他。即使我们得手，襄州兵马也不能为我所制，即使我们能制住襄州，也不以被朝廷所容。我们不如杀掉刘山阳，与萧衍共同举事，挟天子以令诸侯，这样霸业可成"。

萧颖胄听了席阐文的分析，认为有理，问："刘山阳屯军江安，不入江陵，我们怎能杀他呢?"

席阐文说："刘山阳迟疑不进，是不信我，我们只有杀掉王天虎，才能释去他的疑心，然后再图之。"

萧颖胄大喜，命人将王天虎斩首，送给刘山阳。又虚张声势，征发百姓车牛，扬言要出兵攻打襄阳。刘山阳果然不疑，便单车便服，只带几十个随从，入城见萧颖胄。萧颖胄早已派刘孝庆、刘熙晔、萧文照等人领兵伏在城内。刘山阳一进城，立即被乱兵杀死。然后，萧颖胄又命人割下刘山阳首级送给萧衍。

常说战争是政治的继续，"心战"与"兵战"、"伐谋"与"伐交"是紧密相联的。当无法在战场上战胜敌人，或需要付出太大的代价时，不妨开辟另一个战场，即心理"战场"，往往能用最小的代价获得最大的成功。

所以，萧衍成功的经验在于"夺心"，巧妙地实施了离间计，但从对手失败的反面教训，又告诉了我们什么呢?

**总结**：当自己力量尚不足以左右全局时，就可以借助一方的势力去与另一方抗衡，达到削弱敌方，壮大自己的目的。

## 4. 三人成虎的秘决

如果大多数人都说你有能力，那么，即使你才疏学浅，其他人也会对你刮目相看。事情若要成功，仅凭好的愿望不行，还须利用有效的工具。凡经营有方者，大多并不是比别人聪明多少，恰恰是善于挥舞手中的利“器”。南朝萧衍就是利用巫术，制造气氛，深得“三人成虎”的秘决。

南朝梁武帝萧衍是一个儒、道、佛兼通的人。他年轻时通道教，天象、占卜、筮卦等方术无所不晓。南齐明帝时，萧衍任太子中庶子，领羽林监。

萧衍有个小舅，名叫张弘策。此人虽在辈分上高萧衍一辈，但年龄却不相上下。二人从小在一起玩，朝夕相处，关系十分密切。齐明帝建武末年，有一次，张弘策又到萧衍家中饮酒，因天色已晚，便决定在萧衍家中过夜。二人边喝边谈，喝得面红耳热，但觉酒兴仍浓，便把桌子搬到庭院中，在满天繁星下继续畅饮。张弘策一抬头，看见夜幕中的星斗，忽然想起萧衍会看天象，便对他说：

“你看看天上纬象如何？国家会不会出事？”

萧衍望了望天空，问：“我能直说吗？”

张弘策说：“只管直言，我不会声张出去。”

萧衍便说：“我看天象，汉北有失地之气，浙东有急兵之兆。今年入冬，北魏必有军事行动，动则亡我汉北。我齐朝皇帝久病不愈，下边多有异议，明年京师将有大乱，届时将会血光四起，尸枕如麻，齐朝的历数因此而尽。楚、汉一带当出一个治世英雄。”

张弘策问：“您看这个英雄现在何处？是在朝中为官，还是在野中为民?”

萧衍笑着说:“怎么知道这个英雄不是我呢?”

张弘策听了,对萧衍更加崇敬,把他当成君主一样对待。以后,有关萧衍是英雄贵人的传言在民间也越传越多。

利用天象、占卜一类的东西,为某种政治目的服务,古来有之,若排除其中的迷信成分,也不失之为一种谋略手段。

如刘邦起事反秦,就利用汉时的迷信,被人称作“赤帝子”(谓汉以火德王,火赤色),以斩白蛇为起义的征兆。又如东汉末年的黄巾起义,也是利用“苍天已死,黄巾当立”等谶语,作为起义的口号,以煽动民心。

因为道教是中国土生土长的宗教,道家的艺术、谶纬有着广泛的社会影响。为了达到蛊惑人心、“正名”的目的,被运用到政治斗争中,本不为奇,甚至能起到其他政治手段所起不到的作用。

萧衍谈纬象虽属无稽之言,但他利用方术为神化自己大造舆论,使苦心经营的帝业终获成功,不能不说是得益于谋略。

阴谋家、野心家则常常利用它,为达到某种目的,制造舆论,煽动人心。历史上这种事例屡见不鲜。

大业十四年(618年),宇文化吉在江都杀死隋炀帝。太府卿元文都、武卫将军皇甫无逸、右司郎中卢楚等人奉越王杨侗在东都嗣位,拜王世充为吏部尚书,封郑国公。元文都对卢楚等人说:“现在宇文化吉弑君,仇耻未报,我们虽想兴兵讨伐,可是力所不及。为国家计,不如以高官厚禄收买李密,让他攻击宇文化吉,让他们两败俱伤。另外,李密的将士得我们的赏赐,作我们的官,我们也易于实行反间计,我们的军队养力以乘其弊,李密也就容易消灭。”即日就派使者封李密为太尉、尚书令,让他讨伐宇文化吉。

李密称臣奉旨,攻击宇文化吉,每次战胜,就派使者告捷,元文都等人非常高兴。唯独王世充对此十分不满,就对他部下众将说:“元文都之类的人都是刀笔吏，不久将被李密所擒。况且我们军人常与李密军交战，杀死他们的父兄子弟，一旦我们成了李密的下属，我们都活不成！”王世充企图用这些话激怒部下。元文都听了这些话十分害怕，就与卢楚等人商议，设计谋杀王世充。不料计划被段达泄露。王世充率军围攻皇宫，段达假托隋帝杨侗之命拘捕元文都，送到王世充宫中，元文都被乱棍打死。段达又假托隋帝杨桐之命，开宫门接纳王世充。当日，王世充把宫中的待卫全部换成自己的人，让其兄王世恽为内史令，住在皇宫里，王世充的子弟都统领兵马镇守城邑。

不久，李密击败宇文化吉而还，他的强兵良马大多战死，全军将士疲惫不堪。王世充想借李密军疲惫不堪之机攻击他，又恐怕人心不齐，就假托鬼神，说自己梦见了周公。就在洛水之滨建立祠庙，派遣巫者宣称：“周公欲令尚书左仆射王世充急速讨伐李密，一定会建立大功，否则王世充部下的将士都将得瘟疫而死。”王世充手下的将士大多数是楚地人，迷信鬼神，于是将士们纷纷请战。王世充选拔了精壮勇猛之士2万多人，良马2000余匹，驻扎在洛水南岸。李密军驻扎在偃师北山上。当时，李密新打败宇文化吉，有轻王世充之心，不构筑防御工事，被王世充军突然袭击，打得大败。营寨被烧毁，许多将领被俘，偃师县失守。李密退保洛口。王世充进驻偃师，抓获了李密许多部将的家属，王世充就令他们暗中招呼自己的父兄、丈夫。王世充进兵驻扎到洛口，李密部将邴元真等献仓城投降王世充。李密仅率几十名随从逃到河阳。王世充收编了李密的所有队伍。

隋帝杨侗皇泰二年（619年）三月，王世充逼迫隋帝授予他相国之职，总揽全国政务，封为郑王，加九锡之礼。有个道士桓法嗣，自称能解释图谶。于是献给王世充一幅名叫《孔子闭房记》的画，画面上一个男人手持一根竹竿驱赶一只羊。道士解释道：“隋，杨姓。干一，正隐一个王字。王居羊后，表明相国要代隋为帝。”道士又取出《庄子》中《人间世》、《德充符》两篇文章，献给王世充。道士解释道：“上篇说‘世’字，下篇说‘充’字，这就是相国的名字，表明您应当德盖人间，而且应该顺应符命而作天子。”王世充非常高兴，说道：“这是上天的意旨啊！”王世充两次下拜接受了画和书，当即任命道士桓法嗣为谏议大夫。王世充又命人捕捉各种鸟，把上天让王世充代隋称帝的“符命”写在帛上画，再将帛系在鸟颈上放飞。凡是打下系着“符命”的鸟而把“符命”献上来的，王世充就授给官爵。

段达、云定兴等人入宫见杨侗说道：“天命不是永久不变的，郑王功德极盛，希望陛下遵从唐尧、虞舜的旧例，将皇位禅让给郑王。”隋帝杨侗大怒道：“天下是高祖文皇帝的天下，若隋朝的恩德未衰败，就不要说这种话。如果上天的意旨有改变，又哪里谈得上禅让？你们都是先朝皇帝的旧臣，突然说出这样的话，我还能指望什么呢？”段达等人都流下了眼泪。王世充又派人对隋帝杨侗说：“现在天下还没有平定，需要年长的国君，等到全国各地安定了，再让你恢复帝位，一定会按现在的约定办，绝不负约。”

隋帝杨侗皇泰二年四月，王世充伪造杨侗禅位的诏书，派其兄王世恽在含凉殿废掉隋帝杨侗。王世充篡夺皇位，建元开明，国号郑。然后大封亲族子弟为王，立其子王玄应为太子。

在历史上，一些居心叵测之臣，常将鬼神、巫蛊筮、图谶等，当作谋取权利，媚上欺下，害人利己的一种手段。

卢生、徐福看到秦始皇欲想长生不老，便鼓动秦始皇人海求仙，结果徐福一去不归。

江充怀恨太子，利用巫蛊之术，加害太子，挑起了汉武帝与太子之争，结果兴兵长安，尸骨填街。

而王世充也利用人们迷信鬼神、天命的心理，制造了鬼神、图谶的邪说，为废隋帝自立，大造舆论，鼓动人心。

上面的例子都是利用封建迷信来制造舆论，从而达到目的。当然，迷信活动是不可取的，但是，三人成虎的道理是可以借鉴的。

**总结：**如果大多数同事都说你有能力，那么，即使你才疏学浅也没关系，领导也会对你刮目相。俗话说，英雄当仁不让。既然对公司、对己都有利，使用一些手段，也是必要的。

# 第四章　树立威信和威望的有效手段

有虎步，无虎威，这是纸老虎给人的印象。寓教于自身的行动和行为中，比起空洞的说教，效果不知要强多少倍。

## 1. 旁敲侧击树立威望的手段

孙权为了使不服气的周泰的将领们了解周泰的作战功勋，精心安排了宴会上当中询问周泰身上伤疤的一幕戏，给周泰创造了一次自述战功的机会。这种“旁敲侧击”的计策达到了树立周泰威望的效果。

居功自谦，是一种美德，树威望以服众，是一种明智。如果前者为臣，后者为君，君臣才能心心相印，才能更好地用武将治军，用文臣治国。三国时期，吴王孙权与战将周泰之间发生的一件事，恰反映了这个道理。

周泰为人正直，打仗极为勇敢，胆气超人。周泰每次战斗都冲锋在前，与敌人拼杀搏斗，全然不顾个人的安危，所以身上留下了很多伤痕。

周泰虽然屡建战功，但他自己并不喜欢宣扬，因此他的部下朱然、徐盛等人对他的战功都不太了解。在一些军事行动中，这些部将由于对周泰有点不服气，往往各自坚持自己的意见，不能听从周泰的指挥。周泰对此也觉得很伤脑筋。孙权对周泰是很了解的，并且很信任他，因为周泰曾舍命保护过孙权。那是在孙策讨伐山越时期，当时孙权部队驻扎在宣城，保卫他的士兵很少，还不到一千人。几千名山越兵突然包围了孙权的军营，孙权慌乱中，刚刚上了马，强盗们的大刀已经砍着了孙权的马鞍。

周围的人见此情景，谁也不敢上前。只有周泰策马飞奔来到孙权身边，奋力抵挡，毫不顾及自己的性命。

周围的人见此，这才鼓起勇气，投入战斗，打跑了敌人。

周泰在奋不顾身保护孙权的战斗中，身上受伤12处，很长时间才养好伤痛。

孙权听说有人对周泰不服气，就想应当让别人了解周泰。于是特意安排去濡须进行巡视，借给大家庆功为由，摆上酒宴，召见所有周泰部下的将领，让大家开怀畅饮。

酒宴中间，孙权来到周泰面前，向他敬酒，一连敬酒数杯。周泰喝了很多酒，觉得全身躁热，但碍于礼节，不好解衣凉快。

这时，孙权上前主动劝周泰脱衣凉快凉快，并帮周泰解衣扣，露出了身上的伤疤。

孙权趁机询问伤疤的缘由，周泰一向对孙权恭敬，就细细解答在历次战斗中是如何负伤的。整个谈话，在座的人都听到了，也了解了周泰的功绩。

孙权询问完伤疤后，一面让他穿上衣服，一面感慨地说："你是有功之臣啊！"随后命人授给周泰一个御用伞盖。酒宴欢快地一直进行到晚上。

从此以后，朱然、徐盛等人对周泰才真正服气了，矛盾也就消除了。

**总结：**孙权为了使不服气周泰的将领们了解周泰的作战功勋，精心安排了宴会上当众询问周泰身上伤疤的一幕戏，给周泰创造了一次自述战功的机会。孙权这个"旁敲侧击"的计策通过轻松的酒宴达到了很好的效果，树立了周泰的威望，也向其他人暗示了自己敬重英才、用人得当的品格。

## 2. 必须让部属意识到的上下级关系

平易近人的管理者大多受欢迎，但是，近之则不逊。因此，要有意识地偶尔制造出夸奖或者责备他的机会，让他知道，你才是支配者。

最近，时常听到社会的道德、伦理关系堕落的消息。确实，有些部属并不把自己的上司放在眼里，有的子女对自己的双亲不孝。这种种事件，时有所闻。为何他们一点都不尊重、不服从权威呢？不过，另一方面我们也得看看上司，或父母亲的态度，我们有时候也感觉到，上司或双亲方面，也得负一部分的责任，不能完全责怪于部属或子女。

让对方意识到上下关系，有好几种方法。最笨拙的方法是，过分地仗着自己的权力，而不把对方放在眼里。对部属说话时，一开口便说："傻瓜，你这个人……"或命令部属做私人的事，如此命令的一方和被命令者的立场，在每一个机会里都要明显的表示，让部属了解。但这种方法，只是一时有效而已，因为部属的心会逐渐的离开上司。倘若大部分的部属都起了反感，群起反抗的话，那么上司的宝座就保不住了。

相反的，另一方面，否定自己的权威，徒然地讨好部属的上司，也是时有耳闻。这种上司的用意，就是要表现出我一点都不重视上下关系，好像是很开化的人。当部属有何意见提出时，也尽量接纳，目的是要让部属发挥工作热情。若要部属发挥工作欲，则须发挥他们的个性，让他们有自主性、自动性。其实，这种上司也是最重视上下关系的人。

由上述可见，上司的作法和态度，每人不尽相同。不过，一般说来，上司往往不管部属做了什么，总会找一些缺点来责骂一番。也有些上司，不管部属做得好或坏，多多少少都称赞一些，如此的作法、评价，往往不能令对方心服口服。也可以说没有评价基准，因此，部属就逐渐地不服从上司。有的过分采取畏缩的态度，有的就和上司亲近，好像朋友一般。

能够充分领导部属的能干的上司，他们有适当的评价基准。该赞扬，该指责，都分得很清楚。所以，若是要把支配者和被支配者的关系，在无意识中加强的话。有效的方法，就是要有适当的评价才好。

因此，能干的上司，偶尔就会命令部属，做一些超乎他们能力的事。这样的安排，是上司故意制造责备部属的机会。若是部属特别卖力地把工作完成时，就要特别地夸奖他。譬如，用手拍拍他的肩膀说："你做得很好。"这种作法与其说要提高部属的工作意欲，不如说是要强化支配与被支配间的关系意识，这也是一种心理战术。

有些子女，不太听从双亲的话，因而使双亲摇头叹息。而产生这种状况的原因，就是双亲虽口口声声要子女学习，用功地力求上游，但当子女拿着进步的成绩单回来时，双亲看了，仍然是那种不在乎的神情，一句夸奖或鼓励的话都没有，使子女感到很不舒服。

先秦法家商鞅说过："力生强，强生威，威生德，德生力。"在他看来，力、强、威、德是循环往复的。唐宣宗是个有威严的皇帝，其威竟令下臣在冬季里汗流浃背。

他的威严来源于何处呢？

唐宣宗晚年颁布诏令，命令各州刺史不得调到其他州做官，凡调动者，必须先到京师长安朝见皇帝，由皇帝当面考察其是否胜任政务，然后再委任官职，这一项规定遂成定制。

宣宗新委任官员，都要叮嘱其要忠于职守，慈善为官。

新任建州刺史于延陵临上任前入朝向唐宣宗谢恩辞行，宣宗说："建州距离京师有多远？"于延陵回答说："八千里。"唐宣宗说："你到建州后为政的善恶，朕都知道，不要以为距离朝廷太远就胡作非为！万里之遥就像在台阶之前一样，你知道吗？"于延陵被吓得惊恐失措，应对错乱，唐宣宗抚慰他并让他出宫。

定下此制度后，宣宗希望大臣严格执行。宰相令狐绹曾经将其故旧迁任邻州刺史，未到京师就顺路赶到任所上任。唐宣宗见到这位刺史所上的谢恩表文，就其不到京师朝见皇帝一事询问令狐绹，令狐绹回答说："因为所迁州治任所较近，所以没来长安，以省去迎送的礼节。"唐宣宗说："朕以天下各州刺史大多用非其人，成为百姓的蠹害，所以想一一朝见，当面询问他们上任后的施政方略，以知道他们的优劣，便于对他们进行升降黜陟。然而，我的诏令既然已经颁布，你却废弃搁置不用，看来宰相有权也真是可畏！"

令狐绹怕皇帝以无视圣旨而怪罪自己，吓得浑身发抖。当时天气很寒冷，令狐绹竟至汗流浃背，连几层衣服都湿透了。

唐宣宗临朝听政，从来无倦意。每次宰相奏对政事，近旁设有一个人站立，其威严的神态令人不敢仰视。令狐绹曾对人说："我当了十年宰相，操掌政柄，最得皇上的恩遇，但每次与皇上奏对政事，没有不汗流沾衣的！"

每次在宰相奏事完毕后，宣宗忽然会怡然放松地说："我们可以谈些闲话了！"接下来就问宰相们街道闾巷的细微事，有时谈论宫禁中游宴的事，凡琐絮之事无所不谈。

唐宣宗聪明细政，沉着果断，用法不徇私情，能虚心纳谏，从善如流不轻易将官位赏人，谦恭谨慎，生活节俭，爱护百姓的财物，所以，在唐宣宗统治时间，政治比较清明，一直到唐朝灭亡，都有人对他思念歌咏，称唐宣宗为小太宗。

唐宣宗因各州刺史大多"用非其人"，有的甚至成为百姓的祸害，因而立下了刺史调任，须首先进宫，由皇帝亲自考察，看其能否胜任政务这样一种制度，希望部下严格执行。宰相令狐绹故旧迁刺史未进京朝见皇帝之事，宣宗认为这是对皇帝颁布诏令的轻视。"宰相有权也真可畏！"一句话，示意令狐绹，这种作法是无视皇帝权威的行为。

此后，宰相们对国家大事，再不敢私做主张。

封建社会，皇帝的权威至高无上。同是权威，立威之途各异。

商纣王暴虐，对臣下动辄截肢、剖腹、炮烙，此为以酷立威。三国吴皓，滥杀大臣，生杀任性，此为以杀立威。唐宣宗严格执行刺史能力考察制，对他们亲自考察，根据他们的优劣决定升降，此为以严明立威。

**总结：**凡是权威都可畏，但有的权威令人畏而不服。只有令人畏而心服的权威才可长久维持。

## 3. 部下需要你的理解和尊重

宽容是一种胸怀，也是一种用人的远见。作为管理者和领导者，你的存在价值和水平是靠调动众多人的行动来实现的。否则，你只是光杆司令。

人才竞争，常常会使人在能力与待遇的天平前斤斤计较。

这也不足为怪，在封建社会以行政权力为中心的传统体制下，士人拿能力向统治者换饭吃，自然想得到一个公平的结果。

不过，以忍求尊，也是人的能力的体现，这是在人才竞争中容易被忽视的内容。

忍人所不能忍，这是古往今来一个重要的识人标准。

魏文侯五十年（公元前396年），文侯卒，子武侯立。武侯即位不久，欲设置相国。吴起因自文侯起便镇守西河，声名甚大，自恃功高，以为能当上相国。不料，魏武侯却拜田文为相国，吴起很不服气。

有一次，吴起见到田文，想同田文比功评理，便对田文说："请允许我跟您比一比功劳，可以吗？"田文知其来意，随口答道："可以。"吴起理直气壮地道："统率三军，使士卒舍身忘死，勇往直前，敌国不敢谋魏，您和我相比，谁高明一些呢？"田文非常谦逊地答道："我不如您。"吴起接着问道："管理文武百官，使万民亲附，仓储钱粮充实，你和我相比谁强？"田文照样答道："我不如您。"吴起继续问道："镇守西河，使秦兵不敢东向，韩国和赵国归附于魏，您和我相比谁高明？"田文依旧答道："我不如您。"讲到这里，吴起不服气地质问田文："这三者您都处下风，但却为相，官位凌驾于我之上，是什么道理呢？"田文不慌不忙地反问道："武侯年少即位，国内尚不安定，大臣们还未俯首听命，百姓也未信服崇拜，当此之际，请您考虑，是把军国大事托付给您好呢？还是托付给我好呢？”吴起见田文态度谦和，不急不恼，心中的不平之气早已减了一半，又回想起平日田文的功劳及为相后的所作所为，认为田文的确是相才，便服气地对田文道：“还是把军国大事托付给您好。”田文此时才正面回答吴起道：“这就是我的职位处在您上面的原因啊！”听了此话，吴起十分自愧，认为才能不如田文，便公开向田文道歉服输，两人言归于好，同心携力，共同辅佐武侯，遂使魏国称雄于一方。

田文以谦和待人，不正面与吴起口辩舌争，论功比爵，争一时之高低，从而避免了与吴起发生矛盾，其待人处事，可谓是顾大局，识大体，聪睿明智。

宽容是古人崇尚的精神品质。虽然宽容不可能人人做得到，但凡能成大事者，都具有宽容的品质。作为领导者，你的存在价值和水平是靠调动众多人的行动而实现的，若无宽容精神，便不能实现。

宽容，只有“宽”才能成其“容”，只有“容”才能显其“宽”。

三国时的孙权是一位有作为的政治家，他对人才的爱护在历史上也很有名。

孙权刚刚即位时，辅佐他的老臣中有个叫张昭的贤士。张昭为人忠诚耿直，孙策在位时与张昭关系很是亲密，和老朋友一样，文治武功等大事，几乎全由张昭处理。

由于孙策刚刚去世，孙权心情悲痛，没有立即主持政事，张昭就直言相劝说：“您作为继承人，承担前人未完成的大业是最重要的，现今世上大乱，群盗遍地，您怎么能卧床哀伤，和平常人的感情一样呢？”

孙权听了张昭的话，觉得很对，便节制悲伤，由张昭亲自扶鞍上马，列兵操练，主持政务了。

孙权喜欢打猎，经常骑马射虎，有时老虎竟然会冲向孙权，孙叹吓得趴伏在马鞍上。张昭见了神色大变，立即严厉地对孙权说：“将军作为君主，责任是驾御英雄、驱使群贤，怎么能在原野上驰骋，与野兽较量呢？万一发生不幸，岂不让天下人讥笑吗？”

孙权马上向张昭道歉说：“在你面前，我很惭愧。我年轻，考虑事情不够周到，请你经常提醒。”

有一次孙权在武昌，为庆祝战斗胜利，摆了酒宴，他自己不但喝得酩酊大醉，还让人用酒水泼洒在群臣身上，取乐说道：“今天要痛痛快快地喝，喝得醉倒在地上才可摆休！”

张昭见孙权如此放纵，一言不发，也不喝一口酒，神色严肃地站起身，走到外面去了。

孙权派人找回张昭，说：“我只是高兴，与大家一起作乐，你为什么发怒啊？”

张昭回答说：“以前殷纣王爱喝酒，酿酒的糟粕堆积成山，以酒为池，痛饮达旦，他也认为这是乐事。”

孙权听了张昭的斥责，沉默不语，面带愧色，立即宣布结束酒宴。

孙权敬畏张昭，他常说：“张公贤德忠心，我与他谈话，从不敢随便说。”

张昭 81 岁去世，孙权身穿素白丧服亲往吊唁。

吕蒙是孙权手下得力的干将，不但勇敢，且有智谋，在他决策的军事行动中，都表现出绝妙的计策。孙权极其爱护这位将军。

吕蒙活捉关羽、平定荆州之后，被孙权任命为南郡太守，封为孱陵侯，赏赐钱财一亿之多，黄金五百斤。吕蒙推辞不受，孙权坚决不答应。

但是，册封爵位的行文还没有颁布，吕蒙的旧病发作。孙权听说后，异常着急。

当时，孙权正在现在的湖北省，就立即把吕蒙接到自己的宫殿中，想方设法给他治病。还贴榜召募名医，说谁能治愈吕蒙的病就赏给黄金千两。

有个医生采取针炙的方法给吕蒙治病，孙权在一旁常为他受到病痛的折磨而难过落泪。

孙权为了能经常观看吕蒙的面色，但又怕吕蒙为迎接他受到劳累，就在室外悄悄地通过墙上的洞眼察看吕蒙的病情。当他见吕蒙稍微能吃下一点饭菜时，就高兴地与身边侍从又说又笑。如果发现吕蒙吃不下东西时，就愁容满面，唉声叹气，晚上牵挂得睡不着觉。

有一阵儿，吕蒙病情好像有所好转，孙权高兴得破例宣颁赦免令，请大臣们前来庆贺。吕蒙的病情愈来愈重，孙权每天请道士在星空下为其祈祷，并亲自守护在吕蒙的病塌前。

吕蒙患的是不治之症，最终去世。孙权极其悲伤，穿上素白丧服为吕蒙守灵，很多日子不思饮食。

孙权为吕蒙修筑了很好的坟墓，并安排了三百户人家为死者守墓。

能否纳用贤人，能否爱护人才，对领导完成大业具有举足轻重的意义。孙权对张昭如此锐利的批评，能不摆架子，虚心接受，说明他对贤士的敬重。对吕蒙病中如此关怀备至，不惜重金挽救他的生命，说明他强烈的爱才之心。这种敬贤爱才的作风，团结了部下，使贤臣将才忠心耿耿、赴汤蹈火也在所不辞，因而取得了事业上的成功。

**总结：**海洋纳百川，终于成就其浩瀚。森林容百木，终于成就其广袤。任何成就大事者，也必须具备海纳百川，森林容百木的宽容品质。

## 4. 如何做值得信赖和托付的人

几次小的约定都能施行，那么人们会认为大的约定你也会施行。几次小的困难都能解决，那么人们会产生一种希冀，大的困难你也能解决。如此一来，你就会成为他们信赖和认为值得托付的人。

领导就是影响力，你的形象，将决定你的追随者素质的高低。

两位老妇人走在英国乡下一个略显拥挤的墓园，走到一块墓碑前面。碑文写着："这里长眠着约翰·史密斯，一个政治家和诚实的人。"

"天哪！"一位老妇对另一个说，"他们必须把两个人埋在一座坟墓里，这未免太可怕了！"

我们都知道那些表里不一的人。悲哀的是，很多致力于形象而轻视正直的人，不了解他们突然"中箭落马"的原因。即使是自认为了解他们的朋友，也大为惊讶。

在中国古代，汉人为了防御北方外族的侵扰，以确保自身的安全，于是建造了万里长城。城墙那么高，他们相信没有人爬得过，城墙那么厚，没有东西可以击破。他们去享受他们的安全。在长城建好的第一个100年内，就遭到三次入侵，并且没有一次是外族破墙或爬过的。每次都是收买守城的将领，长驱直入城门。他们那么依赖石墙，却忘了教导孩子们正直。

你对下面问题的回答，将决定你是否重视建立形象而不建立正直：

一致性：不管跟谁在一起，你都是同一个人吗？是或不是。

选择：当另一选择将使你受惠时，你会做对别人最好的决定吗？是或不是。

信用：你迅速承认别人对你成功的努力和贡献吗？是或不是。

汤玛斯·马考里说：“一个人正直性格的衡量，是他会做得好像永远查不出来似的。”生活像一只老虎钳，有时它会挤压我们。在承受压力的时刻，不管内心如何，都会被检查出来。我们不能给别人自己没有的东西。正直却永远不使人失望。

有效的领导人最后的要求是赢得信任。否则不会有任何追随者——一个领导是应该有追随者的人。信任一位领导人，不见得要同意他。信任，是相信领导说话算话，它是相信某种非常古老的、被称为“正直”的东西。一个领导的行为和他公然宣称的信念，必须一致，或者至少相容。有效的领导——这也是很古老的智慧——不是以聪明为基础，它基本上是以言行一致为基础的。

真诚的领导，不必广为宣传。他们所作所为都很透明看得见，每一个人很快就知道。同样的，不真诚无法掩藏、伪装或遮掩，不管一个经理有多能干。

安·兰德丝说：“正直的人期待被相信。他们也知道——时间会证明他们是对的，也愿意等待。”

要治世，就要有人才。人才从何而来？就要揽。如何揽？胸要宽，心要诚，且要讲究方法。这样，才能广集人才，为己所用。

在中国历史上，这样的事例不少，像秦穆公待百里奚、刘邦用张良、刘备隆中请孔明等等。

当然，善揽人才的不仅仅是帝王，名臣贤相也不少，两汉之际时的任延就是一例。

任延字长孙，是河南南阳人，西汉末，在长安学习儒学，名显于太学，被人称为“任圣童”。

王莽末年，绿林军在长安建立更始政权，任延被任命为浙江绍兴都尉，当时年仅19岁，迎其到任之人都为其如此年轻感到意外。任延到任后，宁静淡泊，无为而治。时值社会动乱，中原人士多避乱于江南，会稽成为人才聚居地之一。任延一方面赈穷济贫，抚慰郡民，另一方面就是广揽人才。当时的著名隐士董子仪、严子陵等人都被任延敬待以师友之礼。

会稽有龙丘山，有一隐者号龙丘苌，长居此山之中，立志不参与人间政事。王莽当政时，连连征其入朝，以高官厚禄相许，都被龙丘苌拒绝。任延到任后，手下人建议他召见龙丘苌。任延说："龙丘先生亲身履行德义，有古代原宪、伯夷那样的高节。我亲自登门，为其洒扫道路，都怕有辱于他，怎能召他前来呢？"

于是他亲自写信对他进行慰问，又派下人每天到其住处问侯，满足他的需要。龙丘苌有病，任延就派人请医送药。总之，每天来往于府衙与龙丘苌住所的使者从未间断。

一年以后，龙丘苌终于被任延的至诚所动，这个发誓不参予政事的隐士，亲自乘着辇舆来到任延府中，表示愿意效劳。任延辞让再三，最后让他做了议曹祭酒。不久，龙丘苌病死，任延亲自为之送葬，并为之停止公差三天。任延礼贤下士的名声很快传遍郡中，那些贤人争着投到任延门下。

**总结：**任延用人，亦诚亦智。人非草木，孰能无情？像任延那样诚恳，用了一年时间，终于感动了龙丘苌。但龙丘苌来到不久，未进一策，未效一智，便长辞而去，任延岂不白费心思了吗？不然，龙丘苌到来本身，就是对任延礼贤下士的肯定与宣扬。通过一个龙丘苌而得到郡中其他贤者效力，可谓大智哉。

## 5. 提升自己的地位

许多管理者总把办公桌摆放在靠近窗口的位置，不要以为他们是为了看得更清楚，其实，他们只不过是想让窗外的光线照在自己身上，形成一种“光环”而已。

在美国，很多公司的办公室，都有如下的座位安排：一般办公人员的办公桌摆在前面，办公人员头部朝前而坐，而上司、主管的桌子，则位于这些员工的背后，最靠近墙壁或角落的地方。他是从大家的背后，来看他们的工作情况，在台湾和日本，虽位置布置是一样的，可是，办公人员的脸孔，却是有了一百八十度的转变。他们是与主管面对面的方向，这些上司可以直接看到每一位部下的脸孔。这是与美国不同的地方。

由此看来，东西方人士，对位置的安排只有方向的差异，而主管办公桌和部下办公桌的位置相同，都是在可以看到所有部属工作情况的位置。这种习惯从何开始，无从探究。反正在能看到全体状况的位置上，不仅是很有安全感，而且最能显示领导权，从某种程度上说，容易在心理上形成一种优越感。

也许是因为这个理由的关系，一个组织或集团的重要人物、或地位高者，或主管等等，他们是在能够看到全体的位置。到别人住宅去访问的客人，总是坐在客厅较难走出口的位子上，而主人却是坐在靠近客厅的出口处，道理也是一样的。

最近，时常有人开一种没有位子，而随便站着吃的聚餐会。在这里，常会看到财界的大人物，或大牌政治家，旁边总是有几个人拥簇着他，浩浩荡荡地走来。一看便知是大牌人物，他们一来，总是选一个适当的角落集中一处。而各集团的领导人物，总互相到对方的团体群聚处寒暄，然后才回到自己的集团。而那些站在摆了很多菜的中央部分的人走来走去，无人陪伴者，一看即知不是什么大牌人物。这种倾向，尤其在许多大牌人物参加的集会中，更能明显地看出来。

在公司，要有好的人际关系。倘若你要选择一位领导人物，在他手下做事。就应该观察那一位领导人，在大家站立的集会上，若有一领导人物，他所处的角落内却无集团集中，那么就不必选择他了，否则连你的身价和实力，都有可能受到过低的评价。

有一位很有实力的电视节目制作人曾说："我的那位上司，无论对任何属下，一定要有实际上的成绩，他才会承认，并对那些被承认者，恭敬地称他们为某某先生。不然，他总是教训而不称别人为先生的。"

从这段话得知，普通的部属，通常都是称某某先生。但是，这位上司只简单地叫了部属的姓，因而和一般部属就保持一点距离。如此称呼，也表示着部属中，被他承认的某某人是谁，而不被承认者又为何。他这样把自己的权力表示得很明显。也可以说，自己和部下，以及自己和第三者上下关系，都表现得很明白。换句话说，他不会轻易承认对方的能力或人格，这也是要让对方在无意识中，感到"我是多么伟大的人啊!"

对一般人来说，叫人家的姓名，即代表与对方的人格款待、尊重的程度有密切关系。譬如，若是自己的名字，对方都没有印象的话，那么就表示对方并没有把自己放在眼里。所以，在专门以客人为对象的生意中，记住他们的名字是很重要的。

若是不想承认对方的能力和人格，或是想着——我和对方是站在不平等的关系上，我是占有优位的——所以故意假装不知道对方的名字，这也是一种心理技巧。有时认为此人很惹人厌或欲轻视他，就故意的问："啊！我忘记了，你的名字叫什么?"这样的问话，一定会给对方相当大的打击，问这句话，即代表着："对我来说，你的存在不是重要的，所以连你的名字，我也记不得。”这样的暗示，即是表示，我不欢迎你的意思。这种话一出口，对方似乎就显得很微不足道了，存在与否并无多大关系。而说此种话的人，会使对方感到，此人是很不礼貌而傲慢的。

相反的，对方若是不报上名来，而利用工作或其它的压力压迫过来时，情况又是怎么样呢？譬如，有些人并未做坏事，却受到警官不客气的质问时，或者是没有违反交通规则，却受警察质问，刚开始时，他并未先报名，却先反问：“你的名字叫什么？”这时也暗示着，此人不满意警察的质问，对于警察质问的原因，他要追究详细。总之，这些小技巧因时因人而用，才会有效果。不过，不要滥用，否则将会弄巧成拙。

**总结：**对于难缠的麻烦对手，就故意表示着忘记他的姓名，以此来暗示上下关系的确认。

## 6. 稍泄情报，维护领导权威

**领导有领导的优越性，为了强化对部下的支配力，适时对部下提供小部分的内部情报，这也是有效的方法之一。**

美国的心理学家，利比特和怀特曾做过有关领导力的实验，这个实验相当有名。内容如下：他们以少年为实验对象，分成二组。每一组有一位领导人，其中一位领导者要采取专制主义，而另一组则采取民主主义，看看两位领导对队员们是采取何种态度。

例如：两位领导，下令要队员制造面具，这位专制主义的领导人，一点都没有告诉他们，制造时纸张要如何剪开，浆糊要怎么做等等。可是，民主作风的领导人，就会先告诉队员们，做面具的目的，然后每一队员的工作分配，就让他们互相商量而决定，换句话说，就是要调查。这种情报传递方法的差异，使队员对上司到底起了何种反应？结果是，提供小部分情报的专制主义领导者，所领导的队员们认为，都是为他来效力的，而队员之间的和睦关系问题却被忽略了。

从这个实验得知，要维持领导者的权威和领导宝座，让部属知道的情报不要太多，尤其是重点部分不要说。可是，若要提高队员工作意识及工作效率，还是民主性的队员较好。总而言之，好不容易得来的高地位，若要维持的话，情报不要说得太多。

德川家族是建立日本德川天下三百年基础的人，他的最有名的政治策略就是，对诸侯指示着，不可和民众过于亲近，也不可把所有的消息都告诉民众，应该依自己的权力，使民众服从你，就是靠这些手段来抑制反对德川的人。不让民众有一致反抗的机会。现在企业界，也有模仿德川作风的。

在修马路或建造路面的现场，常会看到有些满头大汗的工程人员，当你问他们：这个工程的进行方法，打算何时完成等。这些工作人员会表现出一窍不通的神情说："上司只告诉我们，当天要做什么工作，对于工程的全盘性计划或内容，我们一点也知道。"

这也是管理者，为了要保持自己领导权威。换句话说，他自己掌握一切情况，并靠此情况来统率部属。不过，这种方法要在特定的环境、特殊的时刻，才会奏效。

**总结：为了强化对部下的支配力，适时对部下提出小部分的情报"上头最近会有动作"，这也是有效的方法之一。**

## 7. “使过”胜于“使功”

对曾经犯过错误而又不是不思悔改，不是文过饰非的人，宽而容之，信而任之，使而用之，就可以使他以一种感激之情，以十倍百倍的努力，发挥自己的聪明才智，将功补过，从而最大限度地发挥自己的积极性。

一般用人者，都希望手下之人有功，不愿其有过，不容其有过。然而善于用人者，却能利用手下人的过错，化消极为积极，充分调动手下人的积极性。唐高祖便是如此。

李靖青年时就颇有文才武略，他常对亲近的人说：“大丈夫若生逢其时，遇到明主，必当建功立业，以取富贵。”他的舅父韩擒虎号称名将，每次与他谈论军事，都连声称赞，抚摸着他的后背说：“能和我在一起谈论孙子、吴起兵法的，只有这个人啊！”

李靖初仕隋，任长安县功曹，后任驾部员外郎。左仆射杨素、吏部尚书牛弘都与他相友善。杨素曾经抚摸着自己的坐椅说：“你终究要坐在这个位子上。”

大业末年，李靖任马邑君丞。适逢高祖李渊在塞外攻击突厥，李靖访察高祖的行动，知道高祖有夺取天下之志，便要向隋炀帝密告高祖李渊预谋造反的事。他将要前往江都，到了长安，因为道路阻塞不通而停下来。高祖攻破京城长安，擒获了李靖，要将他斩首，李靖高喊道：“您起义兵，本来是为天下人除暴乱，想成就大事业，却因为个人恩怨而要斩杀壮士吗？”高祖认为他言辞雄壮，太宗又坚持为他说情，于是高祖就饶恕了他。不久，太宗将李靖召人幕府。

武德二年（619 年），李靖随太宗讨伐王世充，因立下大功授开府之职。当时，萧铣占据荆州，高祖派李靖前去安抚他。李靖率轻装的骑兵到达金州，遇到南方少数民族首领所认领的数万蛮兵驻扎在山谷，庐江王李瑗率军前去讨伐，屡次被蛮兵击败。李靖为李瑗设计攻击蛮兵，多次取胜。

李靖率军到达硖州，被萧铣的军队阻遏，长时间不能前进。高祖因为李靖在中途长时间滞留而大怒，暗中命令硖州都督许绍将李靖斩首。许绍爱惜李靖的才能，为他请命，于是李靖才得以免除死罪。适逢开州蛮兵首领冉肇则，率领蛮兵进攻夔州，赵郡王李孝恭与蛮兵交战失利。李靖率领8万精兵，突袭蛮兵营寨，然后又在地势险要之处设下埋伏，蛮兵果然中计。交战中，李靖将蛮兵首领冉肇则斩首，俘获蛮兵5000余人。高祖闻讯，非常高兴，对众朝臣说："我听说，使功不如使过，李靖果然发挥了他的重要作用。"于是，高祖降旨慰劳李靖说："您竭诚尽力，功劳极其显著。我远在都城，已看到您的至诚之心，特予赞扬、奖赏、请勿担忧不得富贵。"又亲笔给李靖写书信道："我对您既往不咎，过去的事，我早就忘了。"

李靖接到嘉奖诏书及高祖的亲笔信之后，深受感动，更加竭忠尽智，以谢高祖知遇之恩。

"使功不如使过"是一条值得借鉴的用人之道。对有过者，宽而容之，信而任之，使而用之，就可使他以一种感激之情，以十倍百倍的努力，发挥自己的聪明才智，将功补过，从而最大限度地发挥自己的积极性。当然，信任使用有过者，必须是过而能改的君子，对于那些文过饰非的小人，万万不可行此道！

改过则用，不用就是一棍子打死，就是对人才的一大浪费。

隋文帝杨坚在对苏威的使用上，基本上就运用了这一用人原则。

苏威是隋初著名的宰相，他在任职期间多有惠政，为世人所称道，但是当初杨坚发现和使用苏威这个人，并不是件很容易的事。

苏威很早就有才名，但是一直没有被朝廷重用。扬坚在做北周丞相时，大将军高颖曾屡次推荐苏威，陈述苏威的才能。杨坚把苏威召来后，引到卧室内交谈，两人谈得很投机。后来苏威听说扬坚要废周立隋，自已要称帝，就逃回到家里，闭门不出。高颖要追他回来，杨坚说："他现在不想参与我的事，先让他去吧。"

杨坚即皇位后，苏威又出来辅佐他，杨坚不计前嫌，授苏威为太子少保，追赠苏威的父亲为邳国公，让苏威承继父爵，不久又让苏威兼任纳言、民部尚书两职，苏威上书推辞，扬坚下诏说："大船承载重，骏马奔驰远。你兼有多人的才能，不要推辞，多干事吧。"由此可见杨坚对苏威的信任。

苏威曾主张减免赋税，杨坚听从了他的主张，这一政策深为百姓喜欢，因此苏威也更受杨坚的宠信，杨坚让苏威与高颖一起参掌朝政，苏威见宫中帘幔的钩子都是用银子作的，就主张换用其它材料，要节俭从事，受到杨坚的赞赏。有一次，杨坚对一个人发怒，要杀那个人，苏威进谏，杨坚非但不听，反而更加生气，过了一会儿，杨坚的怒气消了，对他的进谏表示感激，并说："你能做到这样，我确实没看错人。"

当时的治书侍御史粱毗因为苏威身兼五职，并没有举荐其他人的意思，就上书弹劾苏威。杨坚对他说："苏威虽然身兼五职，但始终孜孜不倦，志向远大。而且职务有空缺时才能推举别人，现在苏威很称职，你为什么要求他引荐别人呢?"有一天，杨坚还对朝臣说："苏威遇不到我，就不能实行他的主张，我得不到苏威，就不能行大道。杨素舌辩之才当世无双，至于斟酌古今，审时度势，帮助我治理国家方面，他却比不上苏威。"

开皇十二年（600 年），有人告发苏威和主持科举考试的官员结为朋党，任用私人。杨坚让蜀王杨秀，上柱国虞庆则审察这件事，结果是确有其事。杨坚指出《宋书·谢晦传》中涉及朋党故事的地方，让苏威阅读。苏威很害怕，免冠谢罪。杨坚说："你现在谢罪已经太迟了。"于是免去了苏威的官职。

后来有一次议事的时候，杨坚又想起了苏威，他对群臣说："有些人总是说苏威假装清廉，实际上家中金玉很多，这是虚妄之言。苏威这个人，只不过性情有点乖戾，把握不住世事的要害，过于追求名利，别人服从自己就很高兴，违逆自己就很生气，这是他最大的毛病。别的倒没什么。"群臣们也都同意，于是杨坚又重新起用了苏威。苏威果然不负众望，对隋朝忠心耿耿，竭尽职守，一直到死。

"人非圣贤，孰能无过"，但不能因过而抹煞了有过者的长处。聪明的用人者应罚其过而用其才，杨坚对待苏威便是如此。杨坚对苏威的奖惩用废，显示出他的气度和魅力，以及高超的用人本领。实际上杨坚这个人，本身并没有多大的本事，但是却非常善于用人，他对手下官员的审视和了解得非常全面。

**总结**：有的人犯了大错，就严肃处理，毫不含糊；有的人一旦犯了错误，被免官一段时间以后，让他冷静一下再重新起用，便会更加忠心耿耿地为你卖命。杨坚的这种用人之道在当时值得称道，就是在今天也有值得借鉴的地方。

## 8. 金招牌——良心与良知

古人云，慈不能从政，义不能理财。其实不一定准确。群众心目中的领导应具备良知和良心，只有如此，才能达到“士为知己者死”的效果。因此，领导有时也要适当地强调“仁义”二字。

俗话说：“身教胜于言教。”寓教于自身的行动中，比起空乏的“传教”，效果不知要强多少倍！当然，一方面需要施教者循循善诱，谏之有方；另一方面也需要受教者闻过则喜，知过则改，二者缺一不可。下面的事例就说明这一道理。

汉景帝中元三年（公元前147年），田叔因处理爰盎被刺案，受到景帝嘉奖，被拜为鲁相。

鲁王刘余，虽治孔子之乡，但性不好文学，只好蓄养狗、马，修筑宫室。因耗费巨大，经费不足，往往妄取民间，引得百姓怨气冲天。

田叔奉命就职，一进鲁境，便遇百余人拦路诉讼，状告鲁王刘余擅夺民财。田叔听后，佯怒道：“鲁王本是你们的主人，天下岂有妄告主人之理！”说完，令左右将为首的二十余人各打了五十大板，其余统统逐散。

鲁王听到此事，心想：为民父母，怎可掠取民间财物，深感惭愧，于是将自己私人财物取出，交给田叔，托他偿还百姓。田叔见此，心中暗喜，说道：“财物是大王擅自从民间取来，还需大王亲往偿还。否则，王受恶名，相得贤声，臣以为这样不妥！”鲁王听后，颇觉有理，于是亲往民间，将所余钱财一一偿还于民。且自此以后，再也不妄取百姓之物。

鲁王喜游猎，常常晨出夜归。田叔见了，从不谏阻，只是见王出猎，必定随行，老太龙钟，出行就喘。鲁王敬他仁厚，常劝他回去休息。田叔口头应允，仍随队后。鲁王围猎，他就露天坐等，直至鲁王回宫，他方随归。一次鲁王问他为何如此，田叔答道："大王暴露于山林野外，臣又怎敢安然就舍？"说得鲁王真有些难为情。自此，鲁王出猎稍有收敛。

在田叔的辅导下，鲁国渐渐得治。不久，田叔病故。百姓感他厚恩，遂凑集百金，为他治丧。田叔少子田仁，却拒金不受，对百姓说："不敢为百金，而使先父名声受污！"众人闻此，皆感叹而退。

鲁王也因田叔辅佐有方，得保富贵，颐养终身。

好为人师者，常常爱把空泛的道理硬性地灌输给别人，容易引起对方的抵触心理；而善为人师者，却能言传身教，甚至以无声的行动启发、感召别人，使其幡然悔悟，立见成效。

田叔以自己的仁义行动，启发鲁王的认识与良知，使其痛改前非，不啻是一剂治病救人的"良药"。

民心可以收买，而且其价因时其异。在饿殍遍野的大饥之年，减免税粮，开仓赈济，就可以稳定民心，换取百姓的好感。

洪熙元年（1425 年），明仁宗刚即位不久，就遇到了饥馑之年，山东、淮安、徐州一带粮食严重歉收，但为了应付朝廷的庞大开支，有司仍加紧征收税粮，以至百姓不堪重负，怨声载道。仁宗知道了这件事后，决心要减免这些地方的税粮。一次，仁宗故意当着众朝臣的面，问一位刚从南京来到京城的地方官员说："你所经过的地方情况如何？"起初这位地方官还不敢照直说，在仁宗一再地逼问下，才回答说："淮安、徐州、山东，很多百姓缺乏粮食，已到了难以为继的地步，而有司正急着征税粮，造成地方上的混乱，甚至出现了抗税不交的现象。

仁宗听完，又问众大臣："众卿以为如何？"他见众臣不说话，便说："民可载舟，也可覆舟，这是关系到社稷安危的大事！朕要免去这些地方的税粮，以稳民心。"随后他招来少保兼兵部尚书杨士奇，令其起草诏书，免掉这三地的税粮。

杨士奇听到皇帝的吩咐后，却有其顾虑，他想：此事应由户部、工部负责，我替皇帝起诏，下令免税，岂不有超越职权之嫌？于是，他对仁宗说：“此事可先令户部、工部知道，方为妥善。”仁宗略加思索，便断然说道：“不必通过他们了！救百姓的穷困，应当像救火和救溺水者一样急迫，不能迟疑。有司总考虑国家用度不足，必会犹豫不决，一旦推脱下来，岂不误了大事？”仁宗见杨士奇还要思虑，索性让太监取来纸笔，逼着杨士奇就立在说话的门楼上，把诏书写完。

仁宗见诏书已就，又仔细阅览一遍，随即派遣使臣火速前往山东等地颁诏。然后，回头看了一下立眼在那儿的杨士奇，开心地说：“现在，你可以去户部、工部了，告诉他们：朕对这些地方，已免去粮税了！”

当诏书颁布以后，有些大臣还曾提出异议，说：“这些地方总共有千余里，未必都是颗粒不收，应该有所区别，减免一部分就可以了。这样，才不致于滥施恩德。”

仁宗针锋相对地回答：“抚恤百姓宁可过厚，广施恩德。朕为天下之主，能与百姓斤斤计较吗？”

世间有“见利忘义”者，也有“重义轻利”者。“义”和“利”，二者孰轻孰重？恐非每一个人都能掂量得准的。

常说“收买人心”，但“人心”靠什么收买呢？靠“利”？而利尽则疏，不可能真正买到人心。还是要靠“义”，靠良好的名声。所以才有以利换义的种种明智之举。下面就讲一则抛财取义的事例。

齐湣王三年（公元前298年），孟尝君担任齐国的宰相之后，他的食客已经达到三千人，而他的封地薛邑，却只有一万民户，封邑的收入不够用来供养食客，孟尝君便派人到薛邑去放债，以求得到一些利息来补偿封邑收入的不足。有一年，封邑收成不好，借钱的人又多数不能如期偿还利息，食客的供养将要发生困难，孟尝君非常忧虑，便贴出一张告示，告示上写道：“谁能够替我到薛邑去收债？”冯欢见到告示，马上在告示上签了一个很大的“能”字，然后离去。孟尝君见告示上只有一个“能”字，并未署名，非常奇怪，便问道：“这个字是谁写的?”左右的人答道：“就是唱：‘长剑回去吧’那个人写的。”孟尝君笑了一笑，说道：“这个人果然有才能，我对不起他，很长时间也没有去看他。”于是，便派人将冯欢请来，向他道歉道：“我整日被国家事务缠身，弄得很疲倦，所以很长时间没有去拜访您，实在是对不起先生。您不但不认为有辱于先生，反而愿意替我到薛邑去收债，这是真的吗?”冯欢答道：“是的。”孟尝君便给他准备好车马，做了新衣，冯欢以车装载着收债的证券，告辞了孟尝君就出发了。

到了薛邑，冯欢召集借了孟尝君钱的人都来集会，收到利息十万。冯欢用这些钱，多多置办牛酒，预先贴出告示：令所有借孟尝君钱的人，无论是能够偿还利息的，还是不能够偿还利息的，都要来验证借钱的契约。百姓听说有牛酒的犒赏，都如期前来验证债券。冯欢杀牛布酒，大摆宴席，款待借钱的百姓。当酒喝到畅快时，他走到宴席前一一验证百姓的债券，能够偿还利息的，便跟他们约定偿还期限，凡贫穷不能够偿还利息的，就收回他们的债券，当众烧毁。验券完毕，冯欢站在大家面前，高声说道：“孟尝君放债的目的，是为了帮助贫穷百姓进行农业生产。所以收取利息的原因，是要来以此供养宾客。如今，对富裕的人约定了偿还利息的期限，对贫穷的人则烧毁了债券，废除了应还的债务。有这样的好主子，大家难道可以辜负他吗?”在座的百姓都站起身来，连续跪拜了两次，一齐高呼孟尝君万岁。

冯欢在薛邑办完了事，便乘车返回，一路上没有停留。孟尝君见冯欢回来得这么快，很是奇怪，问冯欢道：“债金收完了吗?”冯欢道：“收完了。”孟尝君道：“一路上买回什么东西?”冯欢答道：“临行前，您曾经说过‘看我家所缺的东西买吧！’我见您家中财宝无数，狗马挤满了棚子，美女充满于堂中，您家中缺少的只有德义，现在，我已经把德义给您买回来了。”孟尝君问道．“为我买回德义是怎么回事?”冯欢道："您有一个小小的薛邑，却不关心那里百姓的生活，还要利用放债的办法从他们身上获取财利，这不是鼓励那里百姓显扬您名声的作法。如今我烧毁贫穷百姓无力偿还的空头债券，为您买回来德义，使薛邑的百姓感恩戴德，亲附您，百姓甚至齐声高呼孟尝君万岁，从而显扬了您仁爱的美名，这还有什么值得怀疑的呢?"孟尝君听了，非常高兴，拍着手向他道歉。

一年之后，齐湣王听信了中伤孟尝君的流言蜚语，罢免了孟尝君的宰相官职。孟尝君只得回到自己的封地薛邑去。当距离薛邑还有一百里地左右时，只见薛邑的百姓扶老携幼，挤满了道路两旁，迎接孟尝君的到来。孟尝君非常感动，频频向百姓挥手致意，并回过头来对冯欢道："先生为我买来的德义，我今天是真正的看到了。"

古人云："得人心者王。"此话一点都不假！三国时的刘备，就懂得收买人心的道理，如他一到西川，便"广施恩惠，以收民心"，自然得到百姓的爱戴，也被称之为一世"枭雄"。

经营之道也是如此。赢得顾客之心，保持良好的信誉，是企业能竞争制胜的根本原因。

美国麦克唐纳快餐连销店的创始人雷·克马克就说过一句话："把顾客放在第一位，钱就会滚滚而来。"千万不可"小利害信，小怒伤义"，一旦企业的声誉受损，将会失去长久的利益。因而，许多精明的企业家都信奉"巧诈不如拙诚"的原则，有时宁可牺牲眼前的利益，也不弄虚作假，失去顾客的信任。

**总结：**冯欢烧债之举，确实具有经营眼光，他烧的虽是一笔可观的财物，买回的却是德义。为孟尝君赢得人心和仁爱的美名，才是无价之宝。难道还有比这"金招牌"更贵重的东西吗?

# 第五章　让下属无条件服从提高效率

没有人理会你是如何成为王者或者败寇的，他们只会对你是否是王者感兴趣，做为领导管理者，应当由你去承担一切责任和后果。因此，管理的实质其实就是让你的下属听话，无条件服从，各司其职地做好你布置给他的工作。

## 1. 如何让部下接受严厉的条件

如果要让部下接受严厉苛刻的条件或者完成几乎不可能完成的任务，你应当先提示一下更严厉苛刻的条件或者是根本无法完成的任务。那么，他们会条件反射地“择优录取”。

在高速公路上开了时速 90 公里的车，也不会感到非常快，可是在一般的马路开到时速 90 公里，就会感到是超速了，好像两边风景一直往后疾奔的样子。这就是心理学常说的“对比效应”。

这种对比效应的心理结构，往往被应用在日常生活，当然用到好或坏的方面都有，刑警抓到嫌疑犯时最常用的一句话是：“你应该老老实实地自首，现在自首罪减轻很多，等到让人抓出来，罪就判得很重。”这也属于这种心理战的应用。

就是说自首罪刑可以减轻，这是现实的，而不自首罪会加重，这即是将来。如此，把现在和未来对比的话，嫌犯会有“不自首罪会加重”的对比感觉产生，所以嫌疑犯就会自动招供。

换言之，要让对方接受严厉的条件时，就需提出更严厉的条件，那么前者所提的严厉条件，感觉上就好像变得微不足道。因此，对方才会接受我方提出的条件。

举一例，平常部下的推销员总是只能推销五六十万元的货物，可是这次由于情况特殊要推销 100 万元才可以，这时对部下的推销员就严肃的说：“喂！这一次要推销 150 万元才可以，万事拜托你们，由于公司情况特殊，只许超过这程度不许达不到这程度。”如此，一开始就夸大的说出来，部下一定会说：“150 万恐怕怎么做都达不到。”可是也有人会说：“100 万元的话我拼了命也要达到。”如此，提高了士气，然后再做下去往往很简单的就达到100万元，可是如果一开始就说："大家要推销100万元"的话，那么也许顶多只能推销到七八十万元的货物而已。

**总结：要让对方接受严厉的条件的话，应先提出一个更严厉的条件。**

## 2. 让对方把沉重的负担，轻松错觉化

笨重的负担倘若利用“心理上的除法”或者“心理的换算”，就会有负担倍减的错觉，让原来沉重的负担和任务显得很轻松。

日本有一位称为畅销书王的神吉晴天先生，他生前有一次让一位作者写一本以“观心术”为题的书。当时，这位作者常在一些杂志上投稿，从来就没有写一本像样的书出版，因此听了神吉的劝告时，他实在不知可不可以接受。可是神吉先生对这位作者这种犹豫不决的态度好像视若无睹，又说：“怎么样？这种题目很好吧？一本书大概要写 300 张稿纸，你一天只要写 5 张，事情就解决了。”说也奇怪，这位作者听了这句话，忽然感到负担很轻，好像快把这本书的原稿写出来一般的感觉。

300 张稿纸一天写 5 张也要两个月，而 300 张这个数量确实会认人感到相当大的压力，可是神吉先生的说法是：“一天写 5 张”这句话又令人感到很轻松，因为作者在杂志社投稿时，经常在交稿前一天写了一二十张稿纸，所以对一天 5 张稿纸忽然觉得很轻松，但是等到这位作者开始动手写时才知道，一天 5 张稿纸的确不轻松，可是既已答应人家他也不好意思取消。身为心理学者而上了人家的心理作战圈套，虽然后来作者也发觉了，可是又有什么用呢？等到他写了一半以上时，又碰到神吉先生，这时他神吉先生看到这位作者也不讲话，只露出笑容，但从他的表情上就能知道他正想告诉作者“要写一本书当然要付出相当的精神和体力”。

像这种“心理上的除法”之技巧应用范围很广。例如，以地下钱庄为职业的人，面对顾客时会说：“一万元借给你，一天只收 25 元利息

而已。”可是却不说这种利息，换算成年利就是90%以上的高利率，所以同样一件事，依讲话的表现，容易使对方产生错觉。如此，在社会上有很多能令对方产生错觉的手段，我们可以看到，为了借用这种高利金额，结果承担不起高利息的压力，因而影响公司前途的人还真不少。

和数字有关，心理操作的例子除了这里说明“心理上的除法”之外，还有一种叫“心理的换算”。例如，盖公寓的建筑商人，推出盖好的公寓时，在宣传单上写着“从公寓到火车站车程只需90分钟”，倘若说一小时30分钟的话，人家就会觉得太远了，可是换了单位用分钟来说，由于单位是分，所以就会有时间缩短的错觉，不管利用“心理上的除法”或“心理的换算”所列出的数字并没有骗人，只是稍用了技巧而已。

**总结：**笨重的负担，倘若利用“心理上的除法”或“心理的换算”就会有很轻松的感觉。

## 3. 强制手段用缓和的方式表达

逆反心理可能会产生抵抗情绪，而强制就往往会使人产生逆反心理。要让对方去做他讨厌的工作，就不要用命令的口吻，而改用缓和的疑问句式，这样对方就会比较驯服地接受的。

由于子女不听话而伤透脑筋的父母日益趋多，不过也有一些正面的案例。有些家庭中，只要母亲稍做指示，子女们一点都没有露出厌恶之情，而赶快动手帮忙，如果你暗中注意这母亲，就会发现她们不同于常人的指挥法，她绝不会说：“你去给我洗碗筷。”而说：“你能帮我洗那些碗筷吗?”换言之，不用命令形式而用疑问的表达方式。

也许有人会怀疑，这样说难道子女就肯乖乖地听话吗？子女不听话而感到困扰的父母，对子女总是用命令方式说话，也就是说：“你给我做某某事，你应如何做。”这就是强制子女，也可说用强制的方式容易招致子女的反抗。

不但是子女，一般来说人受到他人的强制时，很自然地心理上会产生反抗。同样做一件事，自动自发的做和受到强制才去做，工作效率上就相差很多。不但如此，被强制后才去做容易留下不满感。

把命令形式改为疑问的形式，这样强制就会使人感到不是强制一般。例如，要把一些对方不喜欢做的工作，让部下做下去，就不可说：“你把这事做下去。”而应该说：“你是否能完成这件事?”这种说法可以相当缓和对方的反驳感。

公司的扩张，要让一些部下把不是分内的工作做下去时，往往就使用这种手段，有位科长做得很彻底，他走到部下的座位，很亲切地说：“倘若你肯做这件事，我就觉得很感激。”这时，本来不喜欢做的工作也会承受下来，而且会说："你放心吧！一切由我来负担。"如此，把命令的形式间接地表现出来，对方就没有受到强制的感觉，可是常用这种方法，当然时间一久就会让部下看不起，所以优秀的上司知道该用命令时就用命令，不该用命令时就改用这种拜托的方式，也可以说是很懂下令技巧的人。

**总结：**如果部下讨厌的工作，要让他去做，就不要用命令的口气，而改用缓和的疑问方式，这样对方就会很顺利地接受。

## 4. 把不合作的对手控制到我方来

让不友善的人来做我方的一些小事，就可以让对方产生与我方是同一方的心理错觉。也可以使他在对方群体中受到孤立，而且他做得好不好也无伤我方大雅。

人处于下风地位，易于谦恭，因为想狂傲也没有本钱。但如果得势得志，就不一样了，到那时，人应该怎样做呢？这个故事是很有教益的。

石勒是上党武乡羯族人，年轻时做过买卖，种过地，还曾当过奴隶。后来投奔刘渊为大将，逐渐割据一方。于319年称赵王，同年，灭前赵，次年称帝，建立后赵政权。极盛时据有今河北、山西、河南、山东、陕西和江苏、安徽、甘肃、辽宁的一部分。石勒之所以能开创后赵基业，与他善于笼络人心有很大关系。

后世常常称赞他不念布衣旧怨的故事。

石勒称赵王后不久，让人把老家武乡的父老乡亲请到他的驻扎地襄国来。等家乡人来了之后，石勒设宴欢聚。酒过三巡，他一个一个地与乡亲们畅谈往事。忽然发现少了一个熟人，便是他的邻居李阳。

石勒便问："李阳怎么没请来？"

手下人回答："我们请了，李阳说他自己有罪，不敢见大王。"

原来石勒贫穷的时候，经常和李阳因为争沤麻池互相殴打。现在石勒当了赵王，李阳怕被报复，所以不敢前来。

石勒听了大笑，对父老乡亲们说："其实，李阳是个很有胆量的壮士啊！他怎么能不来呢？虽说我和他曾经为争沤麻池打过架，但那是我当老百姓时的事了。方今我正行信义于天下，要结交四方好汉，哪会去记一个普通汉子的仇呢?”

于是派人飞马再去武乡，把李阳请来。

李阳应召前来后，石勒马上接见他，和他开怀畅饮。喝酒喝到高兴时，石勒拉着李阳的胳膊说:“从前我们打架，我挨够了你的拳头，你也饱尝了我的毒手啊！说完又哈哈大笑起来，赐给李阳一座房子，还任命他为参军都尉。

石勒接着下令减免武乡的租赋，说:“武乡是我的故乡，就好像刘邦的丰、沛一样。我死后灵魂是一定要回到故乡去的。”

石勒不记李阳之仇的事传开后，武乡的百姓更加拥戴石勒。其他地方的百姓听说完，也很佩服石勒的胸襟博大，愿意为他效力。

石勒的胸襟博大，还表现在对臣下误言的宽宥上。

有一次，石勒因为樊坦家庭清贫，便任命他为章武内史。樊坦临行前，去石勒处辞别。石勒见樊坦的衣服、帽子都是破破烂烂的，大吃一惊，说:“樊参军，你何以贫穷到这个地步啊?”

樊坦是个秉性诚朴的人，听了问话，未加思索，脱口答道:“羯贼横行霸道，一下子便使我倾家荡产!”

石勒笑着说:“原来羯贼这等残暴啊！好吧，今天我来替他们偿还这损失吧!”

这时樊坦才醒悟过来，明白自己说走了嘴，把羯族人都骂作贼，岂不得罪了石勒，吓得浑身发颤，赶快跪下叩头谢罪。

谁知石勒不但未给他治罪，反而亲自把他扶起身来，说:“我虽然有规定不准大家再说‘胡人’、‘羯贼’这些带侮辱性的称呼，但主要是防止庸人俗士，因为这些称呼互相争斗，同你这样的老先生无关，你用不着害怕。”

石勒果然赔偿樊坦的损失，赐给他钱 300 万，用来置办车马、行装。

石勒建立的政权之所以能得到巩固，不仅由于他在军事上的谋略、政治上的举措得当，而且也由于他的大度，能容忍他人过去甚至眼前对他的不恭，所以他能笼络包括汉人在内的百姓和官员，效忠后赵政权，而不背弃自己。

石勒在就任大将前以羯人奴隶身份被转卖服苦役，受难极多，后来夺得政权，免不了有对当年不平的报复之心。

不过报复仇人与巩固政权相比就差远了，于是凶悍的石勒在做了赵王后，反而谦恭起来，故意把当年欺负过他的人笼络一番。以示他也是恭行仁义的有道之君。

只要做一件实事，就可以代替无数宣传说教，这应当是做事的一种谋略。

从生理上讲，人与人的心胸没有太大差别。从心理上讲，人与人的襟怀却判若天壤。君子坦荡荡，小人常戚戚。成就大事者，一般都具有坦荡的心胸。

隋大业末年，王世充哥哥的儿子王太镇守河阳，聘请邓世隆为宾客，对邓世隆十分亲近。太宗李世民率军攻打洛阳时，派人送书给王太，劝王太及早弃暗投明。王太命邓世隆代写复信，拒绝投降。邓世隆在复信中，盛赞王世充圣明而有天子的威仪，对高祖、太宗多有贬斥不恭之辞。

太宗平定洛阳以后，邓世隆深知自己为王太写给太宗的复信，闯下了杀身灭门之祸，于是改变姓名，自称隐玄先生，逃到白鹿山隐居。

贞观初年，太宗知其文名，征召他，拜他为国子主簿，与崔仁师、慕容善行、庾安礼、敬播等人一起任修史学士。邓世隆虽应召任职，但过去触犯太宗的旧罪，使他终日提心吊胆，不知何时大祸临头。正在邓世隆惶惶不可终日，甚至举止失措之时，太宗听说了他的情况，于是派房玄龄前来安抚他。房玄龄向邓世隆传达太宗的话道：“你替王太给我写复信，出言不逊，确实应该受处罚，但那时只是各为其主，岂是你对我有什么恶意呢？我现在是天子，怎能追责平民百姓过去犯下的罪过呢？你应该安心供职，用不着心怀恐惧，我不会把你的旧罪放在心上。”邓世隆听了房玄龄传达太宗的话，万分感激，急忙叩头谢恩。邓世隆的同僚、亲友、家属听说了太宗的话，也都深为太宗的宽宏大度所感动。

太宗不计前嫌，不念旧恶，安抚邓世隆，让他安心供职，让他充分施展才华。安抚一个邓世隆，影响一大片，使许多曾在前朝及曾在叛臣手下供职的人，能安心为大唐帝国效力。在唐帝国初创时期，百废待举，要想使百业复兴，首先需要的是各方面的人才，太宗正是以一个政治家的远见，广泛地网罗人才，安抚人心，为创造唐帝国的稳定繁荣局面，奠定了坚实的基础。

观察一个人心胸宽阔还是心地狭窄，最好的办法是看他如何对待曾经反对过自己的人。

春秋时，管仲曾与齐桓公作对，在战场上，一箭射中他身上的带钩。然而齐桓公不计前嫌，终于使管仲成为自己的谋臣。晋文公重耳在落难中，遭寺人披的追杀，一只袖子曾被斩掉。然而晋文公最终却能尽释前嫌，使寺人披成为自己回国复位的得力帮手。唐朝武则天，在听到骆宾王写的讨伐自己的檄文时，还称赞他的文采。

上述数人的所作所为，是一种权术，还是一种心胸呢？

不管是什么，都值得后人汲取和效法。

实际上，有许多成功的企业家都做到了“有容乃大”这一步，洛克菲勒就有这样的胸襟和气度。

他从竞争者当中，选出最有生存能力的强者，进而吸收到自己的阵营中。美孚石油公司的高层领导者中，大都是由这种强者组成的。洛克菲勒在产油地区埋下的第一个伏兵，就是亚吉波多——一个曾经激烈反对过他的人。一天晚上，亚吉波多在家中宴请同行业的企业主。这位亚吉波多这时可发挥了他的伏兵作用。

“怎么样？我也在考虑，今后在这种地方进行独立经营是越来越困难了！”大家都陷入了沉思，亚吉波多说出了这种明显为美孚石油公司的垄断合并帮腔的话。

“你们看看，他们不是一个个都相继倒闭或破产了吗？如何？要不要和我一起做做这种过分的事？”

后来，亚吉波多又在泰塔斯维成立了艾克美（ACME）公司，帮助洛克菲勒收购同类行业的股票……

亚吉波多不久就被提升为美孚石油公司的副董事长，在洛克菲勒退休后，便出任了第二任董事长。

身为领导者，必须能够不受细节或感情的束缚，要凡事包容。如此，才能揽到各种人才，如果能更进一步地使这些人才适得其所，那么功效就更大了。

丰臣秀吉说：“织田信长是一位伟大的人物，可是对于敌人，他不但憎恶他们，更作严厉的手段报复，因此才会有明智光秀的叛变。但我对于曾经和我为敌的人，只要他们肯归顺我，我会不念旧恶，反而诚恳地对待他们。所以，我能够很快的平天下。”

仔细想一想，如果对于敌人不能够包容，会使他们认为，“反正已走投无路，只好作殊死战了”。反之，如果有“投降仍能得到礼遇”的保证，那么对方就不会考虑作无谓的困兽之斗了。所以不但对于自己的敌对者如此，就是对于和自己有不同嗜好、主义或主张的人，也要有包容的心。

**总结：**“宰相肚里能撑船”，一个经营者必须有凡事包容的胸襟。不但如此，企业经营者还必须作此准备，想全用好人来替自己工作是不可能的。意即公司职员也可能是那些曾做过不诚实事情的人。豁达的经理不会因为其有前科而歧视他、轻视他。事实上，有许多“坏人”，一旦他们的聪明才智真正调动起来，作出的贡献是不可预测的！

## 5. 让对方接受木已成舟的事实

对某事不感兴趣和不接受的人，要让他接受和感兴趣，可以说“大家都这样”，他也无可奈何了！凭什么搞特殊化呢？谁又愿意与大多数人为敌呢？

有些人在外国不怎么会买东西，常常是对方开价不管多少，就很率直的照价购买，一点也不会讨价还价。

有一位朋友在国外游玩，逛到一家店前，忽然想到买一些土产送给朋友，到陈列柜一看，有一个很好看的香烟盒，可是没有标价。因此，他就把那香烟盒拿起来，问店员说：“这要多少钱?”对方低声说：“这要300美元。”他不由得就说：“那太贵了。”可是那店员说：“那多少钱你才肯买呢?”这问题确实很难马上回答，那店员又接二连三地拿出各种香烟盒让他挑选，指着其中一种说：“这个最便宜。”很明显的品质比头一次那香烟盒差，看来看去还是头一次那个最好看，结果这位朋友花了180美元买下来，不过决定价格的主动权已先被对方夺去，这是失败的主因。

倘若一开始，他就说：“这香烟盒50元的话我就买。”一定不会招致太大的损失，即使对方说：“这太无理了，哪有这种价格。”那么顶多提高到100美元就可以成交。因为是那店员先开价的，所以这价格就成了“既成事实”。这种交易技巧，有些人并不在意，虽然买东西是件小事，但这其中的道理却是一种心理现象。

以前担任南极越冬队队长的西堀荣三郎先生，他严禁队员打麻将，可是由于队员们都很有兴趣，因而网开一面，但只准打一次。这位队长认为，让他们打一次，就会更了解打麻将会妨碍任务的执行和研究工作。可是结果完全出乎他意料之外，打了麻将的队友，以为麻将的禁令已经解除了，不久大家都热衷于打麻将，所以只许一次的状况，变成“完全的既成事实”。倘若要破坏违反规则或违反禁止事项的话，就说：“这要了解其中的利害，让我们违反一次看看吧。”这样就容易得到对方的准许，这就是对人性弱点的打击。

**总结：**人都有先入为主的特点，既然大家都这样，对方的抵抗情绪也就削弱了。

## 6. 让疑惑的部下能有所决断

我们身边常常会碰到优柔寡断，犹疑不决的人，当他们处于停顿状态影响到我们的全局发展，甚至是生死存亡的时候，一定要采取措施，让他们早作决定动起来。

在战争中，不可过多考虑一城一地的得失，但有时一城一地的得失，会牵制整个战役的发展，为此就不能不慎重考虑了。平庸者为保存实力可以一走了之，但这将给整个局势的发展带来被动。具有战略眼光的人会选择固守待援，一旦将敌人击败，就会推动战役向有利于自己的方面发展。

三国时期，魏将满宠在水困樊城、蜀军压境的形式下，“沉白马誓守樊城”，就是这种具有战略眼光的决策。

满宠，字伯宁，汉末魏初山阳昌邑人。是魏王曹操、文帝曹丕、魏明帝手下很得力的将军。他有计有谋，临危不惧，在多次战事紧急情况下都不顾个人安危，奋力出战，挽回险情。

建安十三年（208 年），曹操讨伐荆州之后，任命满宠代理奋威将军，屯兵在山阳很受军人和当地百姓的拥戴。后来东部边境受到孙权的骚扰，曹操又让满宠任汝南太守，封爵位为关内侯，这段时间满宠的政绩卓著，曹操很是满意，更加信赖他了。

建安二十四年（219 年），刘备做了汉中王，命令关羽包围襄阳，攻打樊城。曹操派满宠协助曹仁固守樊城。

当时汉水涨水，曹军将领于禁所率的七军将士都被洪水淹没，于禁被迫投降。洪水一直不退，只差几米就要灌进城墙。樊城内曹仁只有几千兵马，关羽的士兵却乘着船源源而来。

樊城内外被隔绝了，救兵迟迟不到，眼看粮食将吃尽，大家都惊慌万分，不知所惜。

曹仁与众将商议对策。有人对曹仁说："今天樊城所面临的危机，我们目前是没有能力可以挽救的。不如趁关羽的包围圈还没有最后形成，找缺口，坐船在夜晚突围出去，这样，虽然失掉樊城，但还能保住性命。"这种意见为多数人所接受，但满宠不同意。

满宠说："目前我们被大水围困，确实危险万分。但洪水来得很急，我想也会很快退去。听说关羽另外派了一支军队开赴郏城，许都以南的百姓已恐慌不安，四处逃离。但关羽现在之所以还不敢立即进攻许都，主要是因为顾虑我们这支队伍会切断他的后路。我们现在虽然有逃走的可能，但我们一走，黄河以南的地区就不再属于魏国了。我看还是等一等。"

大家默不作声，曹仁也下不了决心。

满宠牵出自己的白马，将它沉人大水之中，作为祭马，对众人说："让我们一起对天盟誓，誓与樊城共存亡！"

曹仁被满宠的坚定所鼓舞，说："好！誓死守城！"于是全体军人一起盟誓。顿时士气大为高涨，再也没有人提逃走的事了。

过了不久，徐晃的救兵赶到了，满宠带领人马奋力拼搏，终于将关羽击退。

曹操极其赞赏满宠的赤胆忠心，进封他为安昌亭侯。

临危不惧，赞扬的是一种勇气。作为一军统帅，只有这种勇气是不够的，还要有一种统筹全局的头脑。

在被困樊城，大兵压境的形势下，作为曹军主将之一的满宠，在决策是守还是退的问题上，满宠首先考虑的不是守城将士的生死，而是樊城一失，会给魏国带来什么样的影响。为此，他才下了死守樊城，待援退敌的决心。

俗话说：强将手下无弱兵。领导决心一下，满宠为驱除军中的厌战情绪，又身先士卒，用沉白马于水祭天的形式，激励全体将士同生共死，固守樊城。终使战势转危为安。

在战争中，冲锋陷阵的虎将可赞，但像满宠这样具有战略眼光的将才更需要。对此，古今一样。

东汉时耿纯率宗族之人投归刘秀后，也实行了一个颇似破釜沉舟的举措。

耿纯是光武帝刘秀手下的名将。他是钜鹿宋子人。刘秀起兵后到河北时，耿纯当即拜见，刘秀与之进行长久深谈。耿纯见刘秀治军有方，颇有法度，与其他人不同，知其将成大事，便与之深交。后来刘秀继续北上，把耿纯留在邯郸。不久，王郎在邯郸称帝，欲收耿纯。耿纯不从，夜逃出城，后与兄弟耿欣、耿宿、耿植等人率领宗族宾客二千多人投奔刘秀。

当时王郎在邯郸称帝，打的是汉家旗号，王郎自称是西汉成帝的儿子刘子舆，因此许多郡国都归顺于他。王郎成为河北地区较有影响的人物之一。耿纯是河北人，他的宗族宾客自然与河北关系密切。耿纯害怕他的宗族们怀有二心，便指使耿欣、耿宿回到家乡，将宗亲们的房屋、财产一把火烧掉。刘秀问耿纯为什么如此，耿纯说："据我私下观察，您来到河北并没有丰厚的府库储蓄，因此没有用以聚集众人的金银财宝。您所具有的资本，是以恩德结纳人，所以，士众也乐于归附您。但是，如今王郎在邯郸自立为帝，河北地区人心不稳，归附者不在少数。我虽带领宗族所有人投奔您，但仍担心宗人宾客们有与您不同心的。所以，我便烧了他们的房屋财产，以绝其反顾之望。"刘秀听了非常高兴，非常赞赏他的忠诚。

**总结：**耿纯所重者，是刘秀的风范、志向、气度，因此，他把刘秀的帝业成功当成自己一生奋斗的事业。秦末有项羽破釜沉舟，为的是使士兵们义无反顾地前进。耿纯焚烧房屋财产，也为使其宗人为刘秀的事业竭尽全力地奋斗。项羽军事上的破釜沉舟，耿纯事业上的苦心经营，二者实有异曲同工之妙。

## 7. 群众的力量是团结出来的

来自群众的反馈往往是比较真实和合理的，博采众长，集思广益，把他们的思想和智慧统一起来，把他们的生产力和创造力结合起来，就能轻松地实现你想要的结果。

即使你是“天才”，凭借自己的想象力，也许可以获得一定的财富。但如果你懂得让自己的想象力与他人的想象力结合，就定然会产生更大得多的成就。我们每个人的“心智”都是一个独立的“能量体”，而我们的潜意识则是一种磁体，当你去行动时，你的磁力就产生了，并将财富吸引过来。但如果你一个人的磁力与更多相同的“磁力”结合在了一起，就可以形成一个强大的“磁力场”，而这个磁力场的创造力量将会是无与伦比的。

在生活中，大家也许会有这样的体会：假如你有一个苹果，我也有一个苹果，两人交换的结果每人仍然只有一个苹果。但是我有一个设想，你有一个设想，两个交换的结果就可能是各得两个设想了。同理，当独自研究一个问题时，可能思考10次，而这10次思考几乎都是沿着同一思维模式进行。如果拿到集体中去研究，从他人的发言中，也许一次就完成了自己一人需要10次才能完成的思考，并且他人的想法还会使自己产生新的联想。一加一大于二是个富有哲理的不等式，它表明集体的力量并不是单个人累加之和。

成功的经营者善于激发集体的智慧和力量，而不是随意扼杀它们。

这种集思广益的思维方法，在当代社会已被普遍应用，它能填补个人头脑中的知识空隙，通过互相激励、互相诱发产生连锁反应，扩大和增多创造性设想。一些欧美财团采用群体思考法提出的方案数量，比同样的单人提出的方案多70%。

可见，一个好的创意的产生与实施，企业家光靠自身的力量和努力是不够的，必须集思广益，必须在自己周围聚拢在一批专家，让他们各显其能，各尽其才，充分发挥他们的创造性作用。当然，要实现这一点，一个企业家需要有高超的人员管理技巧和能力。

人力资源管理的最高境界，是让人人都能参与工作和管理，大家为企业的发展出谋划策，拼命工作，形成一种集思广益、众志成城的新局面。

集思广益的观念源自一种自然现象：全体大于部分的总和。有些不同种的植物生长在一起，根部会互相缠绕，土质因而改善，植物也比单独生长时更为茂盛。两块木头所能承受的力量大于一块承受力的总和，两种药物并用的疗效也可能大于分开使用之和。这说明一加一等于三，甚至更多。

要形成集思广益的局面，一个领导者必须要有宽广的胸襟和气度，能够容纳异己，博采众长。当然，还要有较高的人员管理水平。

纵观历史，那些叱咤风云的掌权人士，他们能够率领军队在战场上纵横驰骋，所向披靡；能够坐镇摩天大楼的顶层，指挥着庞大的企业王国，在瞬息万变的商场中决胜千里之外；能够左右整个国家的命运，在世界政坛上左右逢源，旗开得胜。原因是除了他们自身具备超凡的魅力之外，还有就是他们善于广纳贤才，集思广益，集结各种高素质人才，组成足智多谋的智囊团。

一位领导者，若想团结一班人，成就一番事业，就必须交一班人之心，得一班人之心。只有这样，才能统一一班人的思想，形成一股强大的整体力量，无坚不摧，无往不胜。唐太宗就是一个深谙此道的聪明的“领导者”。

尉迟敬德原是刘武周手下的一员偏将。武德二年（619年），刘武周命尉迟敬德与宋金刚南侵以扩大地盘，攻陷了晋州、浍州。适逢唐将吕崇茂在夏县造反，寻相、尉迟敬德率军深入至夏县接应吕崇茂，击溃了永安王李孝基的军队，俘获了唐将独孤怀恩、唐险等人。关中震骇，高祖李渊亲笔书写敕令道："贼势如此，难与争锋，宜弃山西省，谨守陕西而已。"李世民上表章谏道："太原是王业的基础，是国家的根本，山西富足，是京城物资的供应地，若把这些地方全都抛弃，我内心实在感到遗憾。我愿请兵三万，必能消灭刘武周，克复汾州、晋州。"于是高祖把关中的兵马都调归李世民指挥，而且亲自赴长春宫为李世民送行。

李世民率军奔赴龙门关，大军踏冰渡过黄河，进驻柏壁，与宋金刚的军队相持。寻相、尉迟敬德接应吕崇茂之后欲撤回浍州。李世民派殷开山、秦叔宝在美良川截击，把寻相、尉迟敬德打得大败，唐军复归柏壁。于是众将请战，李世民对众将说道："宋金刚率军远行千里深入我方地域，敌方的精兵强将都集中在这里。刘武周占据太原，完全依赖宋金刚作前卫，敌方士兵虽多，内部实际上是空虚的，一心想速战速决。我军坚守营寨养精蓄锐以挫动敌人的锐气，敌人粮尽计穷时自然会逃走。"

武德三年（620 年）二月，宋金刚终于因军粮耗尽而率军逃跑，李世民指挥大军追击敌军到达介休，宋金刚列阵抗拒唐军，李世民指挥唐军三面夹击，宋金刚军溃败逃奔突厥，尉迟敬德收拾残余部队退守介休城。唐军把介休城四面围定，尉迟敬德内无粮草，外无救兵，陷于窘境。李世民派任城王李道宗、宇文士及入城劝说尉迟敬德。在进退无路的情况下，尉迟敬德与寻相率全城 8000 士兵来降，李世民非常高兴，设宴款待，仍然让尉迟敬德统领降军，而且降军营与唐军营就驻扎在一起。李世民部下行军元帅长史屈突通，担心尉迟敬德与寻相再叛变，急请李世民采取防范措施。李世民说道："过去，萧王刘秀推赤心置人腹中，他手下的人都忠于使命，现在我信任尉迟敬德，委以重任，何必怀疑他呢？"

不久，寻相与原刘武周部下的降将都叛变而去，众将怀疑尉迟敬德必定要叛变，就将他囚禁在军营中。屈突通与殷开山都说：“尉迟敬德刚刚归顺国家，情志尚不稳定。此人极其勇猛，我们拘禁他很久了，他既被猜疑，必生怨恨之心。留着他恐遗后患，请立即杀掉他。”李世民说：“我的看法和你们不同。尉迟敬德若怀有背叛之心，难道会在寻相之后吗？”说完立即命人将尉迟敬德释放，并把他领到自己的卧室内，赐给他金银珠宝，对他说道：“大丈夫期望的是相互间讲义气，对小的怀疑不要介意。我终究不会听信谗言而残害忠良，您应该体察到这一点。如果您一定要离我而去，现在把这些东西就当作赠给你的路费，以表达这一段时间共事的情谊。”

当天，李世民就让尉迟敬德跟从自己到榆窠去打猎，恰巧遇到王世充带领数万步骑兵来战。王世充部下的勇将，单雄信跃马挺槊直取李世民，尉迟敬德大吼一声，拍马上前一槊刺单雄信于马下。敌军见主将落马，纷纷退却，尉迟敬德保护李世民冲出重围，又率军回来与王世充军交战，将王世充军击溃，并且生擒了王世充的部将陈智略，俘获敌军6000余人。李世民对尉迟敬德说道：“当初，众人认为您必定叛变，是上天引导我排除众议，正确地认识您、保住了您。福和善都是有验证的，回报得怎么这样快呀！”于是赐给尉迟敬德一箱金银。此后，李世民对尉迟敬德的恩宠一天胜过一天。

后来，尉迟敬德跟从李世民征伐窦建德，讨刘黑闼，屡立战功，被授予秦王府左二副军之职。

太子李建成、齐王李元吉企图谋害李世民，就派人秘密地送书信及重礼给尉迟敬德。敬德推辞道：“我出身微贱，适逢隋亡，天下土崩瓦解，我无安身之所，长期沦医学于逆地，罪不容诛。是秦王给了我第二次生命，又让我在秦王门下任职，我只能以身报恩。我对殿下无功，不敢接受这样厚重的赏赐。我若私自答应殿下的要求，就是怀有二心。我若为了私利而丢掉忠心，对殿下又有什么用处呢？”李建成见收买不了尉迟敬德，心中十分恼怒。

不久，尉迟敬德把李建成、李元吉欲收买他的事报告了李世民，李世民说："您的忠心，郁结如山，我深知，即使成斗的黄金，也不能使您的忠心转移。不过，以后他们只要送来礼物，您就收下，不必顾虑。若不如此，恐怕您的安全得不到保障。况且了解他们的阴谋，还可以及时采用相应的对策。"

李元吉等人十分忌恨尉迟敬德，几次派人前去刺杀他，他故意把大门洞开，刺客慑于他的威名，无人敢靠近他。李元吉见一计不成，又生一计，捏造罪名，在高祖面前诬陷他。高祖误听谗言，降旨把尉敬德拘禁起来审讯，险些把尉迟敬德杀掉。经李世民一再苦谏，敬德才得以获释。

后来，尉迟敬德听说李建成、李元吉欲杀害李世民，就与长孙无忌力劝李世民采取措施，除掉后患。

武德九年（626 年）六月四日，李世民发动玄武门之变，尉迟敬德亲手诛杀李建成、李元吉。甲子日，李世民被立为皇太子。八月癸亥日高祖传位于皇太子，李世民在东宫显德殿即皇帝位。

尉迟敬德以一名降将而能追随李世民数十年，南征北战，平定各地割据势力，忠心耿耿，不惧威胁利诱，辅佐李世民扫除继承皇权的障碍，即使在受猜疑、受陷害时仍不改忠心。敬德之所以能如此，正反映了李世民深得臣下之心。李世民之所以能取得成功，也正因为他在自己周围团结了一大批像尉迟敬德这样忠心耿耿的臣子。

**总结：**集思广益不但可以创造奇迹，开辟前所未有的新天地，也能激发人类最大潜能，即使面对人生再大的挑战都不畏惧。

# 第六章　先下手为强，进攻是最好的防守

消除障碍的最佳方法就是主动出击。在公关谈判和竞争中，将困难和危险加与对方，将容易和有利归于己方，就能达到克敌于无形的至高境界。许多公关高手都深知为达到目的应采取哪些手段和措施。

## 1. 如何突破谢绝会面

经常会有人在拜访客户和推销产品，或者催收货款，以及办理申请审批手续等情况时吃到闭门羹，被保安百般阻挠，甚至是直接遭接见对方拒绝见面。这时，只要为他制造一个圈套，并诱入他进入圈套，他就会主动与你见面，直至谈到你想谈的话题。

在对外交涉中，要善于找出对方真正所需，出其不意，攻其不备，方能打开进一步交谈的局面。在我国的古代典籍中，记载了这样一则成功事例。

这是一段孟尝君的父亲靖郭君田婴担任齐国宰相时的故事，靖郭君拜领薛地之后，便打算在薛地筑城，但是几乎所有的食客都反对这项计划，他们为什么要反对呢？道理是相当明显的，当时齐国的王室，彼此经常会发生无谓的摩擦，这些摩擦都有可能导致靖郭君走向下台的命运，如果靖郭君下台，那食客们又将以何为生？

因而食客们不断地向靖郭君进言，希望能中止他的筑城计划，面对这么多的反对意见，靖郭君觉得很苦恼，他不想再听到任何反对的意见，便对家中的仆役说："如果再有客人来，也不要接待他们进来。"

然而有位客人向仆役恳求，希望会见靖郭君一面。"我只想说三个字，如果超过三个字，愿受刀斧而死。"他站在玄关处大声地说。

于是靖郭君便破例地接见他。

这名男子匆忙跑进来："海——大——鱼。"说完这三个字就转身出去。真的只说了三个字。

靖郭君立刻唤住这名男子，对他说："如果你不想让我憋死，请详细说明你刚才的意思。"

男子回答道：大鱼您该知道吧，由于大鱼的体积很大，以致无法用网捕捉，也无法用鱼竿钓取，像这样的大鱼，如果有天被抓上岸，定是为了贪吃饵食。而齐国对您而言如同是水一般，如果你想就此依赖它，就没有必要在薛地筑城，如果想脱离齐就算在薛地筑城防备也是无济于事。”

“的确。”

靖郭君因而停止筑城计划。

《战国策》中记载这名男子，乃楚国人，姓名不详，大概也是靖郭君的食客吧。

当时所谓的食客，并不单指寄食的谋士。战国中期之后，有些“游说之士”为了寻求门路而寄食于权贵之家，希望自己的才能有一天能被人发现，像这样的也称为食客。当然食客中有很多“鸡鸣狗盗”的人士，但也有很多人能抓住机会，实现他们的大臣、宰相美梦。

食客们寄食于主家，生活获得保障，因此他们都期待有机会能报答主上的恩惠，“谏言”就是其中的一种方法。对于食客而言，如果主上能接受自己的谏言，那是最大的喜悦，因为主上接受自己的谏言，就表示主上已经确认自己的才能，而这名楚国男子面会靖郭君的动机就在于此。

他知道要向靖郭君进谏言，首先必须突破谢绝会面这道墙，所以才想出“海——大——鱼”的方法，目的在引起对方的关心，当然如果只是出其不意，尚不能保证说服一定成功。

你所说的内容必须是他所关心的问题，并且是他需要的东西，方能打开进一步交谈的局面。下面是一个外国电气公司业务员的感受，让我们看看这个例子。

有一次，范勃先生正在宾夕法尼亚作一次农业考察。

“为什么这些人不用电?”他经过一家整洁的农家时向该区代表问道。

“他们是守财奴，你不可能让他们买下任何东西，”区代表厌烦地回答说，“并且他们对公司不感冒。我已经试过多次，真是没有希望了。”

也许是没有希望，但范勃无论如何要试一试，他走过去叩一农家的门。门只开了一小缝，老罗根保夫人探出头来。

“她一看见公司代表，”范勃先生讲述说，“就当着我们的面把门一摔。我再叩门，她又把门开了一点，告诉我们她对我们及公司的看法。”

她将门再开得大些，探出头来怀疑地望着我们。

“我曾留意你的一群很好的都敏尼克鸡，”范勃先生说，“而我想买一打新鲜鸡蛋。”

门又打开一点。“你怎么知道我的鸡是都敏尼克鸡？”她的好奇心似乎被激发起来。

“我自己也养鸡，”范勃先生回答说：“而从未见过比这更好的一群都敏尼克鸡。”

“那你为什么不用你自己的鸡蛋？”她还有些怀疑。

“因为我的来格亨鸡生白蛋。你是会烹调的，自然知道在做蛋糕时，白蛋不能同赭蛋相比。为此，我的内人以她所做的蛋糕自豪。”。

这时，罗根保夫人放着胆走了出来，来到廊中，态度也温和多了。范勃先生环顾四周，发现农场中置有一个很好的牛奶棚。

“罗根保夫人，”范勃先生接着说：“实际上，我可以打赌，你用你的鸡赚钱，比你丈夫用牛奶棚赚的钱还要多。”

罗根保夫人高兴极了！当然她赚得多！她听范勃先生如此说更加高兴，但可惜她不能使她顽固的丈夫承认这一点。

她请范勃先生一行参观她的鸡舍，在他们参观的时候，范勃先生留意她所造的各种小设备，介绍了几种食料及几种温度，并在几件事上征求她的意见。片刻间他们就很高兴地交换了经验。

过了一会儿，罗根保夫人说她几位邻居在他们的鸡舍里装置电光，

据她们说效果很好。她征求范勃先生的意见，她是否应该采取这种办法

两星期以后，罗根保夫人的都敏尼克鸡也见到了灯光。范勃先生由此得到了罗根保夫人的订单，罗根保夫人也能多得鸡蛋。双方满意，人人获利。

**总结：**出其不意，引起对方的注意，方能打开拒绝会面的局面，但未必就能达到预期的目的。要找出对方所真正需求的话题，才可成功。

## 2. 正话反说，摧毁对方的心理防线

正话正说是大家容易接受的，而正话反说呢？言语表达的技巧是千变万化的，使用哪些技巧应该因人事和环境而定，只要符合逻辑规律就可以随意变化花样。正话反说有时比正话正说更有说服力，更能达到说服他人的目的。甚至是完成常规方法所不能完成的事情。

公元前537年，晋国的韩起、叔向出使楚国。当时，楚国和晋国时和时战，积怨很深。即使有外交往来，也是明争暗斗。

韩起、叔向一行到达楚国后，楚王召集大臣，对他们说："晋国是我们的仇敌，我时时想着灭其威风。如果这个愿望能够实现，我们何必要考虑其他的事呢？现在，晋国派来的人，都是上卿、上大夫之类的要人，如果我让韩起为我看大门，让叔向为我管理宫室，这样就把晋国羞辱了，行吗？"

众大夫你看看我，我看看你，谁也不说话。

大夫薳启强站出来说："完全可以。如果我们有防备，为什么不可以呢？羞辱一个普通人，都需要防备他报复，何况羞辱一个国家呢？因为羞辱别人有被报复的危险，所以圣明之王都致力于推行礼仪，不想羞辱别人。例如宴会进见用璋，接见别人不歪靠凭几，吃饭时杯中酒满而不饮，宴请时要增加菜肴，还要备表示友好的礼品，使者入境时要派人到郊外迎接，离开时要馈赠物品。这些都是极高的礼仪形式。如果不讲礼仪，那就得有所防备，我们和晋国在城濮大战，晋国得胜而没有防备楚国，因此他们就在后来打了败仗。楚国因为那次大胜没有防备晋国，因此又有了鄢陵的失败。自从鄢陵之战以后，晋国就没有丧失防备，而

且对楚国彬彬有礼，以和睦为重，因此楚国不能施行报复，只能讲究和好。现在人家与我们和好，而我们却想羞辱他们，怎能不加防备呢？晋国对我们够友好的，要求他来就来，要求婚姻他们就进奉女子，并派上卿上大夫到我国。如果还要对其加以羞辱，恐怕您真得要加以防备了。韩起的手下能人很多，像赵成、中行吴、魏舒、范鞅、知盈，都是不可多得的人才。叔向的手下也人才济济，像祁午、张超、籍谈、女齐、梁丙、张骼、辅跞、苗贲皇都是有勇有谋，晋国人如果失掉韩起、叔向，定会用他们的愤怒加武勇来报复，以洗刷他们的奇耻大辱。君王要羞辱晋国，把亲善变成怨恨，以违背礼仪招致敌人，而又没有应有的防备，让下臣们以卵击石，前去送命，以满足您的心意，这有什么不行的呢？"

一番话说得楚王满面羞愧，他连说："是我错了，请不要再说了。"

这是巧妙劝服国君的一个曲型事例。在口才当中，常常运用"归谬法"。就是将对方的主张按照他的意向发展，推导出极力荒谬的结果，从而使对方不得不自己承认错误，改变原有的态度。

薳启强的一席语，虽然找不出一个不字，但其反对的态度是不言自明的。楚王也给被说服，不再坚持错误的做法。

下面的子贡就是用非常规的技巧，达到了他的目的。

孔子门下能和颜回并称为秀才者首推子贡，他同时也是个能言善道的人物，子贡曾向孔夫子问道："何谓士？"

孔子如此答道："使于四方不辱君命者。"

其实子贡早已具备了士的资格。

有一年，齐国的田常拥兵叛乱不成，便转而攻击鲁国。鲁国乃孔子之母国，虽说是个文化先进的国家，但毕竟只是个小国，根本无力抵抗田常的攻击，于是孔子十分担心地向弟子们问道：

"你们当中，有谁愿意为鲁国出一己之力？"

子路首先挺身而出，自愿到齐国阻止田常对鲁的进攻，然而因子路"性鄙且好勇"，不适于外交，所以孔子并未答应子路前往。接着又有子张、子石表示愿意，但他们都只是十几岁的少年，其中子石才十二岁，时值意气旺盛的年龄，也不适宜，所以孔子也不答应他们前往，第四个自愿站出来的就是子贡，孔子立刻就答应了子贡的请求。

子贡为了鲁国的安危，在会见田常之前，首先造访了吴、越、晋等国。

子贡对田常说："攻击鲁国是项错误的计策，并非因为鲁国是个难攻的国家。鲁国的城堡既薄且低，护城河又狭又浅，君主愚昏无能，众臣尽属无能之士，再加上臣子、人民皆厌战，如果以这样的国家做对手的话，倒不如攻吴，会来得更巧妙。吴国和鲁国恰好相反，城堡厚且高，护城河广又宽，武器都是最精良、最先进的，士兵精锐，米粮丰足，再加上指挥的官员都是最优秀的将军，所以攻击这样的国家较容易。"

田常听后，脸上愤然一变。"把简单的事情说成困难的，把困难的事情却说成如此地简单，你是在愚弄我吗?"

田常有怒气是当然的，其实这也正是子贡的目的。一般的说服法并没有把握定能说服对方，因为对方是个历经百战的难缠人物，所以子贡认为首先出其不意地引起对方的注意，再慢慢地导人正题或许成功的机会会较大些。

子贡答道："请听我说下去。所谓苦恼的原因，在国内是进攻强国，在国外则是进攻弱国，而你的烦恼是属于国内的。听说你曾三度修改计划，原因是因为受到一部分重臣们的反对。

"现在你进攻鲁国，为齐国扩充领土，如果事情成功后会有何后果，你知道吗?届时你的主君会更加骄狂，处理军事的大臣们也会乘机扩大自己的势力，而你的功绩反而为主君所忽略。

"然而如果你进攻强国吴，失败后又会是怎样的局面呢?人民大多战死，重臣们失去势力后你也不必再接受他们对你的反抗，也不必接受人民对你的责难，总之孤立你的主君，使他无以为靠，那么一切就操纵在你手中。”

和强国作战，战败反而能增长自己的势力。田常接受子贡的建议，停止对鲁国的攻击。

子贡一开始说了些非常识的话，也是属于说服术的作战方式之一。出其不意，挑起对方的关心话题，只是为了使事情得到解决效果的一条伏线。这情形和“海——大——鱼”的情况是几乎相同的。

**总结：**正话反说，或是在正常的情况下做出超常规的行为，往往能出奇制胜。不过，它没有固定的模式，要因人、因事、因环境而定，只要符合逻辑规律尽可随意变化。

## 3. 巧借“第三方”消除对方的敌对心理

在谈判和讨论中，如果有个“第三方”从中起到沟通桥梁的作用，对方就会比较容易接受。现实中的“六方会谈”和“伊朗核谈”不就是运用了这个道理吗？

秦昭王的家臣中有一位名叫中期的争臣。所谓争臣，是指当君主有疑惑时，能敢直谏的大臣。“朝中无争臣，君王不知己过。”有了争臣，君王才能发现自己的缺失。这不只限于国家，现代的企业也一样，所以一个公司的老板也必须经常自我检讨反省。

中期有一天和昭王在争论某事，最后中期以巧妙的方法打败昭王。昭王为秦打下统一全国之基础，也是史上的名君，然而此时落败的昭王显然心情有些不好，有些生气，中期看到昭王生气便默然退下。

这时有一位家臣，连忙出来为中期打圆场。

“真是伤脑筋，这个人的性子也未免太激烈了。幸亏他的对手是位名君，若换成桀、纣的话，绝对是死路一条。”

“性子激烈”在《战国策》的原文中写成“悍人”。“悍”这个字经常被使用在“悍马”、“悍妇”等，意思是指对方性子太过激烈，无法有效地加以控制。

家臣之所以将中期贬低为“悍人”，将昭王捧为“名君”，只是打圆场时一种常用的老套。此时若说“把他杀了，有点可惜”。则是最普遍的方法，但侧近却采用相反的方法。贬低中期，抬高昭王。

被捧为名君的昭王，此时若杀了中期，就不免招来桀、纣的恶名。夏桀王和殷纣王是历史上暴君人物的代表，所以家臣巧妙地指谪“若为此等小事杀中期，则与桀王、纣王又有何异！”

当今谈判中巧借“第三方”能起到沟通桥梁的作用，使对方更容易接受。

如果我是业务人员，你是顾客，我当然有必要证明，给你的价钱和给其他人的报价完全一样。可是，如果我不能提供客户资料给你的话，怎样去证明这一点呢？这时，假设有个中立的“第三方”存在，由我把资料交给“第三方”过目，再让“第三方”把结果告诉你，事情不就很快解决了。

政府部门的审计人员就善于扮演“第三方”调解的角色。例如，在波音公司和洛克希德公司签下合约时，按理说，波音有权利知道洛克希德的成本估算制度和经费总数，可是，基于竞争考虑，洛克希德不愿波音的人到工厂里走动、窥探，于是，他们就约请政府部门人员来实施这项调查任务，工作完毕之后，再把结论交给波音。这样变通，双方皆大欢喜。

当然，“第三方”的审核工作不见得一定能做得很准确、很完备，这点一方面固然和“第三方”的经验、专业知识、观察力有关，一方面则看“接受审核的一方”愿不愿意尽力配合。

尽管受其限制，但在建立谈判信用上，“第三方”还是具有实用价值。因为，谈判双方彼此可能不太信任，但如果“第三方”出面说话，他们可能会比较容易接受他所陈述的内容和提出的证据。

启用“第三方”从中调解，有时的确比直接介人纷争来得见效，因为他们可以：

①当两方碍于个人或组织原因而迟迟不能采取行动时，帮助谈判双方各进一步。

②推出有利双方达成协议或避免僵局的思考方式。

③借双方可以接受妥协的范围让双方改变立场。

④代表因发生冲突而损及其权益的，因为，他除了必须兼备机智、正直、实事求是的精神之外，还必须好好收敛自己的偏见，以免干扰中

立。当然，最关键的一点仍在于，他是否能取得谈判双方的信任和尊重。

**总结：**“第三方”是调解人，理想的调解人可以说是可遇不可求通双方的桥梁。在人们的观念中，往往认为“第三方”的话是客观的，可信的，恰当地运用“第三方”可以消除双方的不信赖和敌对心理。

## 4. 先发制人，掌握主动创造有利局面

古人云：先发制人，后则为人所制。要说服对方就要在他表达拒绝态度之前说服他。而对于说客，最好是在他开口之前抢先封住他的口，并随即顺势拒绝他。

先发制人的，就能够掌握主动权而制服对方；后发制人的，就会处于被动而被对方所制。

蒋干奉曹操之命，游说周瑜。周瑜会见蒋干，处处先发制人，致使蒋干才折智屈，如意算盘化为了泡影。

曹操听说周瑜年轻有为，是孙权身边极为得力的将才，就很想拉拢他，为自己所用。

曹操手下有个文臣，名叫蒋干，字子翼，长得仪表堂堂，颇有学问，而且能说会道，在江、淮一带很有声望。曹操就派蒋干当说客，去做周瑜的工作。

曹操对蒋干说：“你可以作为同乡去拜访周瑜，不要让他看出我们的意图。”

于是，蒋干以私人身份，穿着平民布衣，去吴国拜访周瑜。

周瑜听说蒋干来拜访自己，心中早就猜到他的目的。但却表现出很高兴的样子，见面第一句话就说：“子翼啊！你穿山涉水到我这里来，一路辛苦了，是替曹操当说客吧？”

蒋干没有想到周瑜会一语道破他的天机，急忙否认说：“我和你是同乡嘛，相别多年，一直听说您成就卓著，因此，特来和您叙旧，瞻仰您的风采，您怎么把我当成说客呢？”

周瑜说：“我虽然比不上夔和旷（古代乐师），听到琴弦之音就能

洞察弹琴人的内心活动，但我多少也能看出点门道来。”

蒋干此时只能把话憋在肚里，无法说出口。

周瑜客气地设宴招待蒋干，又领蒋干巡视自己的军营和贮备在仓库的物资，还让蒋干参观了自己心爱的珍宝玩物。

蒋干看出周瑜在孙权这里心情舒畅，很是得志，要说的话一句也没能说出，住了三天，便向周瑜告辞，准备在辞行时见机进言。

在送行的酒宴上，周瑜似乎猜透了蒋干的心思大为感叹地对他说：“大丈夫在世一生，遇到一个知己的主子，就应言听计从，祸福与共，不能三心二意啊！别说是你蒋干，就是苏秦、张仪或郦食其那样的人，如果死而复生，前来劝我，我也会将他们驳斥得体无完肤、无话可说的。”

那拥有三寸不烂之舌的蒋干，实在窘迫，怏怏而归。

蒋干向曹操说了东吴之行的情况，高度赞扬了周瑜一番，说他气度不凡、言词得当、雅致风流，要想拉拢他是不可能的。

曹操听了，也只能断了这个念头。

与张仪并列为“合纵连横”创立者的苏秦，凭着过人的智慧和口才，最后登上了六国的宰相宝座。

苏秦在与他人的交涉战术中，有段相当成功的体验。

燕文侯是合纵政策的后援者，当苏秦失意时，惟一能安身的地方就只有燕国一地。

苏秦滞留燕国期间，有件事改变了他后来的命运，那就是苏秦的知己，同是也是合纵政策推进者燕文侯的死。文侯死后太子即位，即易王，易王的妃子是秦惠文王的母亲，因为燕和秦有这层关系，所以苏秦和易王之间，就无法像文侯在位时那样的平静。

这时，燕国也刚巧发生一件大事。齐宣王趁着燕国国丧，动员侵燕，夺下数十城池。

易王接到消息，立刻招来苏秦。

“先生刚来燕国时，先皇曾派你出使齐国，成功地促成六国合纵，然而今日齐国背弃盟约，先前不但南攻赵国，现在居然向我燕国出兵，若任其如此胡作非为，那我燕国岂不成为天下之笑柄，当时促合六国同盟的是先生您，现在无论如何请你走一趟齐国，希望齐国能将掠夺的土地归还我国。”

易王说的话虽然很自私，但也没错，当时种下这个果的是苏秦，所以他有责任要回失去的土地。

苏秦要用什么代价去换回土地，这真是件困难的交涉，他打算要用什么方法去说服宣王呢？

苏秦来到宣王面前“俯首以庆，仰首以吊”，所谓“俯首以庆”是指苏秦向宣王祝贺“由于这场战争，使得齐国的领土又加扩大，真是值得贺喜”；“仰首以吊”是指苏秦慢慢地低下头说“然而齐国的命脉将从此断绝”。这祝贺、哀吊，一前一后接踵而至，齐王一时也糊涂了。

齐宣王是位名君，所以他的手下也有许多类似淳于髡之类的交涉能手，因此他也一定看穿了苏秦此行的目的，并作好了应战的准备。

面对一位这么坚强的对手，一定不能使用寻常的方法，所以苏秦接连说了祝贺的话和哀吊的话，其目的就是要出其不意，夺取先机。

宣王不解地寻问，为何同时向你祝贺并哀吊，苏秦回答：

“大王应该听过这句话‘人纵然在垂死边缘，也不会笨到去吃乌喙（一种毒草名称），是因为吃了乌喙，只会加速死亡的步调’，燕虽然只是个小国，但燕王和秦王之间有亲戚关系，如今您夺下燕王领土，则贵国今后誓必与秦国也会成为仇敌之国。如果强秦做了燕的后盾，大举进步齐国，那齐国不就像是垂死的人还吃乌喙是同样的道理。”

宣王脸色一变，心底有些担心，苏秦接着又说：

“自古以来的成功者都知道‘转祸为福，转败为胜’这句话的道理，所以我认为宣王如果能把夺下的土地交还给燕，是最佳的解决办法。如果把土地归还燕，燕王定会大喜，秦王也会很高兴，你们便可尽释前嫌，结为亲家。之后再找机会让燕秦两国臣服于你，燕秦两国一旦臣服，则其他诸侯也必先后来归。今日你虚言服秦，放弃燕国那点小土地，仍是为将来的天下霸业奠基。”

从情势谈论到利害得失，完全把对方玩弄于股掌之中。

苏秦以这段话，不费任何代价，轻易地将领土从齐宣王手中要还给燕易王。

**总结：**下棋抢先手，才能主动。作战抢先机，才能使敌人措手不及。对于说客，最好抢先封住他的口，怎样去封？当然是智慧。

## 5. 善用机智与气势摆脱困境

在敌对双方僵持不下时，气势运用得当往往能出奇制胜。当面对一切条件都对你不利的情况下，如何摆脱困境是考验一个人的综合素质的时候，在这种特定的环境里巧用气势压倒对方，出其不意，往往会转危为安，大获全胜。

古人云："以艰者危者予乎人，易者善者归诸己，转之至者也。"意思是说，将困难和危险加于对方，使容易和利处归于自己，就算是达到转化多变的最高境界，在谈判中不仅要随机应变，人的气势往往也是谈判过程中起死回生的重要因素。

身经百战的著名律师丁懋松，有过无数次国内外谈判的经验，让我们看看他的亲身经历。

有一家客户与外商签下一个不太妙的合约。事后，决定发封函终止合约，以保障己方利益。这在法理上是站不住脚的，倘若打起官司来，胜算很小。信函发出后没有多久，外商便登门造访，当得知此事后，丁懋松的客户十分紧张，不知对方将怎样出招。

这位外商刚谈起终止合约之事，那位客户就不自在地调整坐姿，弄得椅子吱吱地响。此时，原来也正要调整姿势的丁懋松，深怕再弄响椅子，让对方洞悉己方的紧张，便立即僵直身躯不动声色。针对那封终止合约的信函，对方先发制人："你的准备如何？"丁懋松沉着冷静，气势逼人地反问："不，是你们准备怎么做？"他以这话试试对方的底子，并准备抢回主动权。他的意思是，终止合约已既成事实了，看你们如何办。

这样，外商便说："你认为我该怎么办？"

从这句话丁懋松嗅出对方已软了一截，他马上引用广东人的一句话："假如已跌倒在地，什么都没有了，手上至少也要抓一把沙。"意思是说，如果你们愿意的话，我们肯给你一把沙，让你们不至于落空。他判断对方不愿冒然诉诸法律，因为打官司耗时旷久，最后所得利益不见得高于私下和解。

这招险棋，果然赌对了。

外商沉思了一会儿问："你的沙是什么?"此语一出，便透出了妥协的信息，经过这几句简单的对话，丁懋松稳稳地扭转了局势而占了上风。后来，那位外商同意重新权衡此事，一场官司因而避免了。

在当今商场中的谈判不仅需要你有一定的判断力，还需要你对人性有相当敏锐的感受力。在这无比紧凑的谈判中，要想成为一名优秀的谈判者，必须具备以下几项特质：

1）和小组成员有效沟通，并赢得他们的信任。

2）要有了解产品、游戏规则，并详加规划的意愿，并有查询信息正确性的勇气。

3）良好的商业判断力，分辨议题真正底线的能力。

4）容得下冲突和矛盾的能力。

5）富于积极进取并勇于冒险的精神。

6）训练有素，沉稳内敛。

7）诚恳廉洁，不好私利。

8）用开阔的胸襟聆听别人说话。

9）有能力看穿隐藏在谈判背后，足以影响谈判结果的个人性因素。

10）擅于运用专家。

11）依据知识、规划能力、交谈经验为基础而显露出的自信。

12）情绪稳定，在谈判过程中不失态，不媚众。

而谈判中的气势，运用恰当往往能出奇制胜。当面对一切条件都对你不利，四面受敌的情况下，如何摆脱困境，这也是考验一个人的综合素质的时候，聪明的人往往会随机应变，在特定的环境里巧用气势压倒对方，下面的故事就能说明这一点。

日本思想家佐久间象山早年学习洋学，在尊王攘夷论盛行的幕府末期主张“开国进取”。有一天，象山先生的住所来了一位访客，请教致富的秘诀，象山先生很认真地回答：“这很简单，今后当你在小便时，要记得举起一只脚，这就是致富的秘诀。”

“开玩笑，这不是模仿小狗的动作吗?”

“没错，成为富翁就如同成为小狗一样的，因为一个知道义理和人情的人，是不会成为富翁的。”

象山说完，便咯咯地笑个不停，客人也忽然觉悟了，送给象山先生一份厚礼，便告辞去了。

“要怎样才能致富?”

“首先要放弃所有的义理和人情。”

如果有人问你致富之道，你如此地回答，那这个答案也未免太平凡，太缺乏说服效果了。“当你小便时，举起一只脚”，这不过是玩笑话。

江户幕府海军负责人胜海舟受到象山开明思想的影响，认为“出其不意”是种连哄带唬的作战方式。

当时幕府内很多人反对海舟的“软弱外交”，其中有人指着海舟说，这家伙简直就是对幕府的一种耻辱，应该把他的头砍下来当作战前的血祭。

有一天，有一群壮士来到海舟的家门口，请求和海舟会面。

不用说，这群人都是主战论者，是反对江户开市的急先锋。他们直接来会见海舟，弹劾他的软弱态度，如果海舟不听劝，便打算刺杀他。这群人个个怒气冲天的样子。

仆役急忙地把这个消息告诉海舟，当时海舟正在吃饭，听到仆役的报告仍然悠闲地吃饭。

“把他们带到客厅去。”

海舟命令仆役。然后又慢慢地吃他的饭，大约过了一小时，海舟缓缓地走向客厅，在那群人开口之前就抢先说：

“你们在出门前，有没有照过镜子？”

这真是出人意外的问题，这群壮士更加愤怒地说：

“为什么要照镜子？”

海舟用他那沙哑的声音继续说道：

“一群笨蛋，回家去照照镜子，看看你们的脸都被吓青了，这么没胆量还能成为勇敢的武士吗？回去吧。”

受到海舟当头一棒，这群壮士变得哑口无言，先前的气势已荡然无存，不知不觉中人一个个地离去，到最后竟然全跑了。

**总结：**气势是无言的争辩，也是最强有力的争辩，该说话时能随机应变，把一切不利因素转嫁给对方。这是谈判的最高境界。

## 6. 引而不发使对方的心始终悬着

如果将弓箭张开瞄准对方，却迟迟不射出去，那么被瞄准的人会是一种什么心情呢？箭射出去无论中与不中总有个结果，惟独引而不发，使对方的心一直悬着，这是攻心征战的上上之策。

人在盛怒之时，往往会不计后果，作出鲁莽的决定。这个人如果是孤立的个人，那仅仅是他自己的失误。这个人如果是个集团的决策者，则会造成团体的失误。这时候，如果有个清醒的人出来，使其冷静下来，帮其分析利弊，为其出谋划策，无疑是雨中送伞，雪中送炭。

中国有句古话，叫作“引而不发”。意思是张弓搭箭，瞄准目标，但不将箭射出去。这句话原意是要人们善于引导，不要包办代替。但换一个角度想，“引而不发”也的确是够可怕的。下面的例子，也许对你有所启发。

宋建隆元年（960）初，赵匡胤发动陈桥兵变，建立宋朝，史称北宋。

当时，在今宁夏、甘肃及陕西北部一带，聚居着党项族，北宋统一南方诸国后，党项族首领李继筠，曾派兵援助宋军攻打北汉。李继筠死后，其弟李继捧继任党项族首领，于宋太平兴国七年（982 年），亲自来到北宋东京表示愿归顺宋朝。宋太宗赵光义封李继捧为彰德军节度使，并把李氏家族迁到东京开封。

李继捧的族弟李继迁拒绝迁往开封，率人马逃到夏州以北进行反抗。宋廷对李继迁的反抗予以坚决镇压，宋军所到之处，焚烧党项人的庐帐，劫掠财物，强迫其内迁，这引起了党项人更大的反抗，他们便聚集到李继迁周围，奉他为首领。

李继迁开始时由于势力弱小，便一方面利用宋辽交战的机会，寻求与辽结为同盟，一方面对宋的大举进攻采取诈降之策，李继迁的时降时叛，令宋太宗赵光义颇为头疼。

宋太平兴国八年（983年），宋军大败李继迁的军队，李继迁逃走，但他的母亲与妻子却被宋军俘获。

消息上报到宋太宗赵光义那里，赵光义因对李继迁为乱西北，不断袭扰边关大为恼火，便想杀掉李继迁的母亲。当时寇准任枢密副使，上朝时赵光义单独召见寇准，相议如何处理这件事。

寇准同宋太宗赵光义商量之后，回来时碰到吕端。吕端自幼敏悟好学、宽厚大度、为官持重，深得开国元勋赵普的赏识，赵光义也非常欣赏他的性格和办事作风，当时吕端也身为宰相。他猜想寇准一定同宋太宗赵光义在商议大事，而且要瞒着自己，便拉住寇准，对他说：“皇上告诫你有事不要对吕端说么？”

寇准回答：“没有啊。”并解释说只是同皇上商议边境上的小事。

吕端说：“边境上的一般的事，我不必全要知道，但若事关军国大计，我身为宰相，就不能不知道。你说说看，是什么样的小事要皇上同你单独商议。”

寇准便把宋军俘获李继迁母亲的事告诉了吕端。

吕端忙问：“皇上准备如何处理这件事？”

寇准说：“皇上打算在保安军北门外把李继迁的母亲杀了，以此惩戒叛逆者李继迁。”

吕端说：“这样做不好，你先在这儿等等，我去同皇上说说。”

于是吕端去求见皇上。见到皇上后，吕端对宋太宗赵光义说：“从前楚汉相争时，项羽抓住了刘邦的父亲，便想把他煮了，以威胁刘邦。汉高祖刘邦却说：‘你炖好了以后，希望你也分给我一碗肉汤喝。’那些干大事业的人都不会顾念他们的亲人，何况像李继迁这样叛逆之人呢。陛下现在把他的母亲杀了，明天就能抓到李继迁吗？如果不能，那么杀了他的母亲就只能徒结仇怨，他的反叛之心则会更加坚决。”

宋太宗赵光义说：“既然这样，那么现在这事该如何处置呢?”

吕端说：“以臣之愚见，最好将李继迁的母亲安置在延州，好好地看养起来，让李继迁知道我们在善待他的母亲，诱使他来投降，即使李继迁不来投降，也能让他始终牵挂着他的母亲。让他知道，他母亲生死命运全掌握在我们的掌握之中。”

赵光义听了吕端的一席话，猛地一拍大腿说：“要不是你来劝阻，就差点误了我的大事。”于是赵光义采纳了吕端的计策。

后来，李继迁的母亲在延州病死，李继迁不久也在攻打西凉府的战争中，为吐蕃族所败而死。李继迁的儿子李德明继任党项族的首领，他对宋朝采取了和好的政策，这种局面的出现便是得益于吕端当被的建议。

杀死李继迁的母亲，只能泄一时之恨，并不能使李继迁回心转意，归降宋朝，反而会使仇恨加深。吕端借古论今，成功地阻止了宋太宗赵光义的鲁莽行为。在攻伐征战的谋略中，攻心是上上之策。吕端正是抓住了这一点，为宋夏和好奠定了基础。

**总结：**试想，如果将弓箭张开，瞄准一个人，却迟迟不射出去，被瞄的人此刻是一种什么心情啊！箭发出去，无论中与不中，被射的人是活、是死、是伤，总有个结果。惟独引而不发，使人始终悬着一颗心，是够可怕的。

# 第七章 沟通的目的，是让对方认同你的观点

有些人说话很有鼓动性，说服力强；有些人说话深入浅出，能使你过耳不忘；有些人说话能让你如坐针毡，度日如年。在沟通中增加语言的说服力是一种技巧，它能使你成为一个有影响的社交活动家。

## 1. 不要一开始就导入主题

在沟通中如果一开始就导入主题和说错话，往往会加剧对方的戒备心，一定会受到对方的抵制和反驳，甚至会被驳得无言以对。所以，通常情况下，一定不要“打草惊蛇”。

首先，我们来看一则美国壳牌石油的广告。在广告片中，一边是录音机里悦耳的好莱坞名曲，一边是都市里触目惊心的浓浓的汽车尾气。然后，片中提出了一个问题：城市中的废气，80% 以上来自于汽车尾气。接着，片中提出了解决尾气的方法：每辆汽车只有用经过处理的壳牌石油，空气质量才能得到有效改善。然后，片中提到间接利益，壳牌石油既对汽车有利，也不会污染我们的环境。最后，广告片画龙点睛，提出号召：要想空气好，就得用壳牌！

上述广告片就是用迂回绕道，富有诱惑性的方法向观众推销产品的。倘若一开始就开门见山推销壳牌石油，一定会使观众产生反感的情绪。该广告片首先提出让听众感兴趣的问题，然后再把其诱因放在问题中，显示出其诱惑力。接着向观众讲清楚他的演讲的目的，即提出解决问题的方法，而方法已经包含在问题中了。接下来趁热打铁，提出如果采取提示的方法解决问题后得到的回报。最后以特殊的语言，发出号召。

这种用对话中已有的语言，以对话框架作为媒介，建构一个逻辑体系，使听众更为清晰明了你的演讲内容的方法，值得大家和从事广告行业的朋友借鉴。

分析以上事例的逻辑，我们可以找到其说服模式：

问题是……

解决方法是……

采取这种解决方法将得到的好处是……

我对你的要求是……

每讲到一个环节，都应用简洁、明了的语言提醒听众注意你的演讲内容，但不能将所有内容同时推向听众，因为他们不可能同时回答所有的问题，并且也不可能同时接受这么多的问题，一旦有人不明白，他们就可能中途退场，甚至喝倒彩。

这种运用要点计划中的强有力的逻辑结构在演讲中会经常用到，尤其是在现代部分广告中，都运用了这五要点计划。在我国古代，运用这种迂回战术的精典，当属《战国策》中的《触龙说赵太后》。

公元前265年，赵惠文王统治赵国33年后崩逝，孝成王继位。当时孝成王年幼，由其母后威后摄政，处理一切政务。就在这时，西边的大国秦趁着赵国纷乱，大举挥军入侵。

秦国在赵惠文王崩逝的那年起用范雎为相，采用范雎的谏言，以“远交近攻”为国策，积极地对邻近诸国展开攻势，而这次对赵的出兵不过是个开端罢了。数年之后，赵国在“长平之战”中，遭受致命一击。威后眼见抵不住秦国猛烈攻击，便向东边的齐国求救。而齐国则要求以长安君为人质才肯出兵。

长安君是孝成王最小的弟弟，也是威后最小的儿子，什么也不懂。威后拒绝了齐国的要求无论重臣们如何地激谏，她终究不同意齐国的条件，甚至对大臣们说：如果这有人劝我把长安君送到齐当人质，我就朝他脸上吐口水。

此时的威后已被盲目的母性本能和爱子之情所蒙弊，无法正确地判断大局。但是，此事事关国家安危，要想突破眼前的困境，只有让威后答应人质的条件不可了。

当时的赵国有一位老臣触龙，他心理明白，威后此时正在气头上，如果厚着脸皮去谒见，向她提出人质之事，一定会被她吐一脸的口水。

所以，触龙假装若无其事地样子，步履艰难地走到威后面前，首先抱歉地说：“我的脚有些毛病，行走艰难，所以很久没有来向您请安了，请太后原谅。但是，我又担心太后的健康状况，所以特地前来……”

“你是走路来的，还是坐车来的?”

“我是走路来的，您呢?”

“我都是以车代步。”

“那么您饮食方面……”

“都是吃粥。”

“唉，我最近的食欲也不太好，所以每天固定的地散散步，以增加些食欲，也可以使身体健康些。”

“我不能像你那样……”威后的表情稍稍缓和了下来。

“我有个小儿子，名叫舒祺，非常不成器，真让我不放心，我的年纪也大了，希望在我有生之年向太后请求，给他一个王宫卫士的差事，我就是死也能瞑目了。”

“当然可以，你的小儿子今年多大了?”

“15 岁了，虽然还小，但我希望能在生前将他的事情安排好……”

“看来父亲也是疼爱小儿子的。”

“是啊，而且是超过母亲的。”

“不，母亲才是最疼爱小儿子的。”威后露出了笑容，她的心里浮现出了长安君的影子，因而解除了对触龙的戒心。触龙提出对小儿子的溺爱，使他感到亲切。

“是吗?我觉得太后比较疼爱长安君嫁到燕国去的姐姐。”触龙渐渐导人正题。

“不，我最疼爱的是长安君。”

“可是，我不这样认为。如果疼爱孩子，一定会为他考虑到将来的事。当长安君的姐姐出嫁时，您因为不忍离别而哭泣，之后又常常担心她的安危而掉眼泪，每次祭拜时，您一定会祈求她‘不要失宠而回赵国’，而且希望她的子孙都能显贵，继承王位。”

“是啊，你说得对极了。”

“那么，请您再仔细想想看，从古到今，有哪位封侯的地位能维持三代而不没落?”

“没有。”

“不止是赵国，其他的诸侯怎样呢?”

“也没有听过这回事。”

“为什么会这样呢?”我认为，“所谓祸言近可及身，远可殃及子孙，王族的子孙并非全是不肖之徒。但是，他们往往是没有功绩而居高位，没有功劳而得到大量的俸禄，结果大都误了自己。你现在赐给长安君崇高的地位，丰厚的土地，却不给他建功立业的机会，万一将来您出了什么意外，长安君的地位还能保得住吗？所以我以为您并没有考虑到长安君的将来，你疼爱的是长安君的姐姐啊。”

威后终于被触龙的情理说服了：“好吧，一切照你的意思去做吧。”她答应了齐国的人质条件，而且是将一切的善后事宜都交给了触龙全权处理。不久，齐国的援军就到了。

威后不是傻瓜，她是位政治家，只是一时进入盲目的母性本能不能自拔，所以要说服她，最重要的是打开她心里的结。

**总结：**《庄子》中有句“无用之用”，意思是说“被认为没有用的，最后往往会变成最有用的”。如以上触龙的言行就是“无用之用”，以和主题无关的话题而解除对方的警戒心，进而找出共通的话题。如果一开始就导入主题和说错话，一定会受到对方的抵制和反驳，甚至会被驳得无言以对。所以，不要“打草惊蛇”。

## 2. 巧妙驯服对方的心理战术

**如果了解了对方的的兴趣爱好以及一些生活的秘密，那么无论对方是多么厉害的人物，你在关键时候也能巧妙地驯服他。**

人们对不认识的人或自以为没有人认识他的人，往往就敢采取一些不负责任的态度，而容易产生暴怒。古人说“旅行中的羞耻，不必管他”。这也是同样的心理，因为旅行到别地，自己不认识任何一个人，当地也没有人认识自己，由于这种安心感，所以旅行中也敢做一些寡廉鲜耻的事情。

相反的，对方要是认识自己，那么情况就不同了。举一例，时常上电视而在社会上有一点知名度的人，无论到何处去都会自我控制，不敢随便做越轨的行动。有些公司对员工驾驶的汽车，一定用很大的字写下公司的名称而且连公司的电话号码也写上去。这些举动的用意，一方面可以为公司做宣传广告，另一方面就是让开车的员工要自我约束，不可在外有荒唐的行动，因为开公司的车在外面有不正当的行为时，人家一看就知是那家公司的员工，为了维护自己名誉和公司的名声，在态度上和行为上变得绅士多了。在马路上不守交通规则的人，大都是开私用轿车的人，这也是无记名和有记名的差异所产生的社会生活的一种现象。

如此，一个人倘若认为没有人认识他，那么行动上就很自由，什么都敢做的心理就提高。相反的，要是认为这地方每个人都认识自己，那么行动上就会自我控制，利用此原理，就可抑制对方太过的嚣张。换言之，对付很厉害的家伙，我方就表示知道他住哪里，交际范围等，这样对方就会收敛很多。

某公司的女性总经理，和公司有来往的客户或有关人员在交际时，总是设法请对方带着太太一起来，因而受到太太们的欢迎。同时，这些男人平常不告诉太太的一些话题也被提出来，以后对太太就不敢太嚣张。所以很难应付的对方或很有潜力的人，倘若在公开的正式场合，要和他交涉也许很困难，可是知道他不公开的秘密，你就可以和他平等的争论。

**总结：如果你知道对方一些生活方面的秘密，无论对方是多么厉害的人物，也不会对你太嚣张。**

## 3. 如何摧毁对方的抵抗情绪

如果要让对方做很大的让步，可以利用小的心理负担，接二连三地进行攻击，对方有了心理上的亏欠时，心理上的抵抗感会逐渐消除。会产生这种心理并不一定要靠“谢谢”这句话。

某电脑公司有一位令人由衷佩服的推销员，这个人推销的东西是现在流行的实用电脑文字处理机。他有一个推销的决窍，当然在推销过程中令人无法感到其中的奥妙，他惯用的一句话就是“谢谢你”。这句话虽然很普通，可是如能在各种不同场合做适当的使用，就可以在不知不觉中消除对方的反抗感，而做最大的让步。

现在更加仔细地说明一下，他开始时说：“先生你也知道最近的微电脑或这种文字处理机的进步相当快。”客户随便回答说：“我大概知道。”他就接着说：“谢谢你，那么你是否要试试看，这确实是很有价值的。”“我并没有说你带来的东西没有价值。”“谢谢你。”如此，稍有肯定性意思的话讲出来，他就接着用“谢谢你”这句话来回答。有时也许一些人会回答说：“像我这种人，也许不需要这东西……”像这种有否定性意思的回答时，他也会说：“真的谢谢你。”如此，连连说了谢谢你，因而最后客户也不由得露出笑容说：“虽然你这样向我道谢，可是……”不过这时我确实已经没有抵抗感，而对这部机器有点想试试看的感觉。

其实，高明的推销员并非只有这一位，在社会上，有些人往往为了对方的一点小事也很慎重地说：“谢谢你。”虽然并没有很好的回答，可是对方却也表示“你听了我的话，确实很谢谢你。”有时，我并没有买东西的意思，只是多看一下而已，不过对方也会说：“我很感谢你光顾本店。”让对方这么一讲，顾客很自然在心理上就会产生好像欠了什么似的心情，也可以说，好像欠缺对方什么一般的感觉，而人对这种感情的来源，是很敏感的，心理上有亏欠之感时，就会想办法来弥补。

有了亏欠对方的心理时，心理上的抵抗感会消除，而且会产生这心理并不一定要靠“谢谢你”这句话。例如，在星期日我们打扮得很诚恳庄重到别人家里拜访时，这时，对方本来很舒服地在客厅休息，看到我们这样郑重的去拜访他，就会有一种亏欠对方的心理。尤其在重要的交涉时，一定要比约定的时间早几分钟到才好。有时我们见到一些老妇女，很吃力的推一车沉重的蔬菜沿街叫卖，不由得会产生同情心，产生很想向她买蔬菜的心理，这也是一种心理负担。

**总结：**倘若要让对方做很大的让步，就利用小的心理负担接二连三地攻击。

## 4. 诱导对方自我否定

诱导对方自我否定的语言形式，通常是先用提问的方式使对方作出回答。而对方的回答应该是预料中的，也正是自己要说的，只是借对方的口说出来而已，如此便可以达到拒绝的目的。

罗斯福当美国总统之前，曾在海军担任要职。一天，一位朋友问起海军在加勒比海一个小岛建立潜艇基地的计划。罗斯福向四周看了看，压低了声音说："你能保密吗？"朋友说："当然能。"罗斯福接着说："我也能。"

对方的提问无非是想借你的口证明点什么，那么将这一问题再返回去，对双方都可能接受。朋友的问题涉及到军事机密，他不可能不知道这一点，因此他也知道他的问题很可能遭到拒绝。对这样的问题一般的回答是："对不起，事关机密，我不能说。"但这样就显得生硬。罗斯福没有这样的回答，而是先来了个诱导，要朋友承诺保密，然后，我也要和你一样保守机密，这样就堵住了朋友追问下去的路。

1972年5月，美苏关于限制战略武器的协定刚刚签署，基辛格在莫斯科一家旅馆，向随行的美国记者团介绍情况。当谈到"苏联生产导弹的速度大约每年250枚"时，一位记者问："我们的情况呢？我们有多少潜艇导弹在配置分导式多弹头？有多少民兵导弹在配置分导式弹头？"基辛格回答说："我的导弹数目我虽知道，但我不知道是不是保密。"记者连忙说："不是保密的！""不是保密的吗？"基辛格立刻反问道："那么请你告诉我是多少呢？"记者顿时傻了，只得嘿嘿一笑了之。

从前有一个理发师，因其技艺高超，经常被召到宫廷中给官吏理发。一次，宰相请他理发，理发师给宰相修面修到一半时，不小心把宰相的眉毛刮掉了。这一下理发师可吓坏了。他情急生智，突然想了一个绝妙的主意。他停下刮刀，故意两眼直愣愣地看着宰相的肚皮。宰相见他这副模样，感到莫名其妙，问道："你不修面，光看我的肚皮干什么?"好，等的就是这句话，理发师解释到："人们常说宰相肚里能撑船，我看大人的肚皮并不大，怎么能撑船呢?"宰相听理发师这么一说，哈哈大笑道："那是说宰相的气量最大，对一些小事情，都能容忍，从不计较。"理发师听到这话，扑通一声跪倒，声泪俱下道："小的该死，方才修面时不小心，将相爷的眉毛刮掉了，相爷气量最大，请千万岁恕罪。"宰相一听啼笑皆非。眉毛给刮掉了，叫我以后怎么见人呢?发怒吧，自己刚才还说宰相气量大，怎能为这小事就给他治罪呢?于是，宰相便豁达地说："无妨，且去把笔拿来，把眉毛画上即可。"

把宰相的眉毛剃掉，这个祸可闯大了，弄不好就有性命之祸。幸亏理发师是个聪明人，反应机敏。他先用言语引导宰相，让他自己承认宽宏大量不计较小事，堵住宰相的后路，给自己摆脱窘境搭好台阶。果然，宰相不好出尔反尔，只好原谅了理发师。

清真寺阿訇请阿凡提去讲道。阿凡提不想去，但不去又可能得罪寺里的人物。于是，阿凡提就故意用了一个似有而非的"三难推理"开了个玩笑，使自己既不用讲道而众人又无可奈何。

阿凡提走上讲台对大家说："我要跟你们讲什么，你们知道吗?"

"不，我们不知道!"大家答道。

"跟不知道我要说什么的人，有什么可讲得呢?"阿凡提说完，走下讲台回家去了。

第二天，阿凡提又被请到清真寺来，他在讲台上问："我要跟你们讲什么，你们知道吗?"学乖了的人们马上齐声答道："知道!"

"你们既然都知道了，那我还说什么呢?"阿凡提又走了。

当阿凡提第三次登上讲台，又把上两回的问话重问了一遍。人群中一半高喊："知道，知道。"另一半则大嚷："不知道，不知道!"他们满以为这下可以难倒阿凡提了。谁知阿凡提笑了笑说："那么，让知道的那一半人讲给不知道的另一半人听好了。"说完扬长而去。听讲的人面面相觑，无可奈何。

**总结：**人都有自尊心，爱要面子。当他自相矛盾时，说出去的话又收不回来，即使有苦，也是无可奈何。但你的诱导必须巧妙，才能收到其效果。

## 5. 使对手郁闷进而知难而退

问与答是一对矛盾，双方在这种矛盾的统一体中相辅相成，精妙的提问，可以使你获得所需要的信息和利益。在对方面前赞美他人或者当面责备他人时，我方不会受到对方的抱怨，只会让对方郁闷。

在心理学中有一种理论，就是“暗默的强化”。举个例子，把几十位小孩分成三班，每班又分为两组，让这三班小孩做同样的工作，这时故意称赞第一班的一个小组，而对第二班的某个小组进行严厉地责备，对第三班则采取放任不管的态度。

最后看看这三班小孩的成绩，对第一班来说，被赞扬的那一小组成绩都比较出色，就第二班来说，没有被责备的那一小组成绩一定是三个班中最好的。

倘若我们看到自己的朋友让人家称赞，就会产生（明白的正数强化）我们自己间接受到责备一般的心理（暗默的正数强化）。同样的看到人家被责骂时（明白的负数强化）很自然的就会产生好像自己间接被赞扬的感觉（暗默的负数强化）。所以受到正数强化的人意气就会高昂，相反的受到负数强化之人就会变得意气消沉，结果这些情绪就会在工作成绩上反应出来。

当你要应付你所厌恶的人或眼中钉一般的对方时，要让他受精神上的打击，就需充分利用（负数强化）。举一例，有甲乙二人，这二人是敌对的关系，如果在二人面前故意的称赞其中一人，那么另一人就会很自然的有被责备之感，因而影响情绪，可是对方并没有直接的责备自己，所以也无法埋怨。

再举一例，假定有一位部下，对自己很有信心，像这种部下通常都很能干，可是在人际关系方面，容易和人发生摩擦，而和同事互有间隙，对这种部下，上司就不要当面提出警告，而应故意在他面前称赞别人。则这部下会认为上司对他有成见，因此就不会气焰高涨，遂能暗自检讨自己并加以改进。

还有一种是当面责备他人的方法（明白的负数强化）这方法在当场责备很有效果，可是对自信心强的人，心理打击也相当大，所以还是利用间接性的提出注意（暗默的负数强化）这方法也有长期的效果。同理，对没有信心而胆怯的部下，这方法也是比当面责备之法来得有效，倘若当面责备一定要说“你要更振作起来做事才好”。

**总结：**在对方的面前赞扬他人时，我方不会受对方的抱怨，只能让对方郁闷。

## 6. 借题发挥，将尴尬推给对方

社会交往过程中，每个人都不可避免会遇到一些难堪或尴尬的局面，陷入窘困危险的境地。面对这种处境时，只要保持清醒的头脑，巧借对方的话语摆脱困境，使自己由被动转为主动。

社会交往过程中，每个人都不可避免会遇到一些难堪或尴尬的局面，陷入窘困危险的境地。这种尴尬局面的表现方式很多，或是遭人误解，或是被人取笑，或是被人批评，或是被喝倒彩，或是受到威胁，或是气氛紧张，或是局面僵持……它们或者是别人有意无意发难所致，或者是自己防不胜防的过失所酿成。它们的出现很可能带有突发性和随意性，有时还具有相当的困难，往往使人手忙脚乱，不知所措。

当你面临这种处境时，只要保持冷静的头脑，巧借对方话语，就能轻松摆脱，使自己由被动转为主动。从对这些场面的应付上，可以看出一个人的心理素质和知识水平，也可反映出其社交技巧的高低。

《资治通鉴》中记录了翟璜谏魏文侯的故事，就是翟璜利用当时的情境而借题发挥，既保护了任座，又批评了魏文侯。

战国年间，魏国吞并了中山小国。魏文侯将这块土地分封给自己的儿子后，问群臣："我是什么样的君主？"

他的问话意图可能有三：一是的确不知，以求人鉴；二是心中有数，要察群臣的反应；三是自己做了不仁之事，却要听到群臣的赞歌。结合后面他的做法，其动机主要是第三种。

君臣答曰："仁君。"文侯听了很高兴。但任座却表示了异议："您得了中山后，不封给您的弟弟，而封给您的儿子，这怎么能说您是仁君呢？"

任座敢于直说真话，其内心的动机和预料的结果都是一样的。把真话告诉他，听得进更好，听不进，我就跑。

结果是文侯发怒，任座逃去。

魏文侯又问翟璜是怎么认为的，翟璜说："我认为您是仁君。"

"为什么呢?"

翟璜说："我听说，君主仁厚，大臣就耿直。刚才任座说话那么坦率，我就根据这点认为您是仁君。"

翟璜的一番话，一是为任座开脱，二是劝谏魏文侯。他这么两句话，就把这样的两层意思都表达出来了。魏文侯听了翟璜的话，又惊又喜请回任座，并下堂迎接，待为上宾。

下面这一例，更是巧妙地借用一词，直击要害，但又极其含蓄，不至伤害对方的自尊心。

电影《列宁在1918》里有这样的一个镜头：列宁与高尔基在争论一个问题。高尔基认为，苏维埃政权对敌人的镇压太残酷了。列宁认为高尔基的观点是错误的。这时，彼得堡的一个工人来见列宁，向列宁报告敌人的猖獗活动，并且说，如果不同富农作斗争，苏维埃政权就无法维持。列宁看看高尔基，对那位工人说，那样就有人会说我们太"残酷了"。老工人激动地反驳到："残酷的不是布尔什维克，而是富农，他们到处烧杀。"列宁没有直接批评高尔基，而是借用老工人的所见所闻，间接地批评了他，最后使他承认了自己观点的错误。

再看一看晏子"曲线"救人的故事。

春秋战国时期，齐景公放荡无度，喜欢捕鸟射猎。他派专人烛邹主管养鸟的事情。一天，鸟全丢失了。景公发起怒来，下令叫官吏杀烛邹。

晏子闻讯赶到，请求说："烛邹有三条罪状，请让我把他的罪状摆一摆，然后杀掉他。"

齐景公说："可以。"

于是晏子叫烛邹过来，在景公面前指责他，说："烛邹！你替我们的国君主管养鸟的事却丢掉了鸟，这是第一条罪状。使我们的国君因为几只禽鸟的缘故杀人，这是第二条罪状。使诸侯们知道这件事，认为我们的国君重视鸟而轻视人才，这是第三条罪状。"

数完了烛邹的罪，晏子就请景公杀了他。景公却说："不要杀，我受教育了。"

晏子作为齐灵公、齐庄公和齐景公的三朝重臣，直言进谏也未尝不可，但结果如何就难预料了。他数落烛邹，表层意思是说"烛邹有三条罪状"。里层意思是教诲景公，杀烛邹是错误的。更深一层的意思是，阐发"鸟"与"士"的关系，用人才与制诸侯的关系。他不但搭救了烛邹，而且教育了景公，一石二鸟，语妙天下，不愧为中国古代著名的雄辩家。

传说汉武帝晚年时，很希望自己长生不老。一天，他对侍臣说："相书上说，一个人鼻子下面的人中越长，命越长。人中长一寸能活百岁，不知是真是假?"东方朔感到皇帝的长生不老梦非常滑稽，面露讥笑。皇帝见东方朔似有讥讽之意，面有不悦，呵斥道："你怎么敢笑话我?"东方朔脱下帽子，恭恭敬敬地说："我怎么敢笑皇上呢？我是笑彭祖的脸太难看了。"汉武帝问："你为什么笑彭祖呢?"东方朔说："据说彭祖活了八百岁，如果真像皇上刚才所说的，人中就有八寸长，那么，他的脸不是有丈把长吗?"汉武帝听了也大笑起来。

**总结：**巧用借题发挥，可以使逆境变顺境，可以化解对方严厉的质问，或是间接表达你的抗议，但又给对方留足了面子。即使再刁难的对手，也会知趣退出。

## 7. 孔明的成功说服术

打动对方的自尊心，帮他树立信心，满足他的需求，那么他自然就会按着你的意图去做。刘备之所以能有转败为胜的机会，进行赤壁之战，完全是孔明成功打动孙权的缘故。

公元208年，曹操率领大军南征，刘备军弱而败退。刘备驻兵于樊口，无力反击，只有坐以待毙，因为以刘备单独的力量绝对无法与曹操的军队相抗衡。解决的方法只有一个，就是和江东的孙权联手。

此时，有一个人自愿出使到江东做说客，那就是军师诸葛孔明。孔明向刘备说："现在一刻也不容耽误，必须马上前往孙将军处，请求援兵。"

说完，便立刻整装出发。

孔明此行的目的，不须言明，就是要把孙权卷进这场战争。如果是一般的使者，为了请求对方的援军，一定会低声下气地，但是孔明却完全相反，作出一副强硬的态度，以打动孙权的自尊心。

孔明首先说："现正值天下之际，将军您举兵江东，我主刘备募兵汉南，同时和曹操争夺天下。但曹操已经将天下大乱几乎全平定了，现在更是进军荆州，名震天下，各路英雄尽被其所网罗。因而造成我主刘备今日之败走，将军您是否也要权衡自己力量，以处置目前的情势。如果贵国的军势足以和曹军相抗，则应该早早和曹军断交才好。若是无法与曹军相抗衡，则应尽快解除武装，臣服于曹操才是上上之策。将军您的心里是否已定好方针，决定臣服于曹操？时间剩下不多，再不做决定就来不及了。"

孙权生气地说："照你的说法，刘备为何不向曹操投降呢？"

孔明答道："你知道田横的故事吗？他是位齐国的壮士，忠义可嘉，为了不愿服侍二主而自我了断。更何况我主刘备乃堂堂汉室之后，钦慕刘君之英迈资质，而投到他旗下的优秀人才不计其数，不论事成或不成，都只能说是天命，怎可向曹贼投降。”

孙权听后，激动地表示：“我拥有江东广大疆域以及十万精兵，又怎能受人支配呢？我已经决定了。”

此时的孙权才26岁，是个血气方刚的年轻人，当然不愿屈居曹操之下。孔明看准了这点，就设法激起他的自尊心，结果证明孔明的方法是成功的。

虽然孙权决定和刘备联手，但心里还是有些担心，于是向孔明叮咛道：“刘备因不敌曹操的精兵而败北，他还有能力抵抗曹军吗？”

这是值得担心的问题，因为孙权也明白自己没有能力单独对抗曹军。于是孔明又冷静地分析当时情势，以解除孙权的不安。

“的确，刘备是一败涂地，想再整军是较困难。但曹操大军长途远征，也都很疲倦，根据我得来的消息，曹军为了追赶我们，轻骑兵一昼夜连赶三百余里路，所谓‘强弩之末’，兵书上也有记载，视远征为禁忌。而且曹军多为北方之兵，故不习水战，再则荆州的百姓为曹操之武力所胁，决非心悦诚服。现在假如将军的精兵能和刘备并肩作战，定可打败曹军。曹军一退，便会退兵北回，也就强化荆、吴的势力，形成三分天下的局面。事情是否能成功，完全看你现在的决定了。”

孔明指出曹军的弱点，主要是要解除孙权的不安。果然孙权听完孔明的分析后，心情大悦，信心十足，因而立刻召集御前会议，下令彻底抗战。

不久刘备、孙权的联合军迎战曹操南下大军，即为三国时代最大的一场决战“赤壁之战”，结果联合军大胜，刘备也得以突破困境。

刘备之所以能有此转败为胜的机会，完全是孔明能成功地打动孙权的缘故。

**总结：**打动对方，帮他树立信心，满足他的需求，那自然就会按着你的意图去做。

# 第八章　见鬼说鬼话
## ——说谎的艺术和妙用

说谎是一把双刃剑，如果使用错误或者使用的过于频繁，不但会伤害到别人，也会伤害到自己。因此不要轻易使用谎言来解决所有的问题。不过，如果运用得当，适时适当的谎言在很多时候无疑是一剂良方。

## 1. 欺诈师惯用的伎俩

欺诈师惯用的法宝就是建立信任关系，制造一种人们常识性的环境。其实我们只要认清形势，不要幻想对方应该怎样，不要听信任何额外附加值的承诺，就很容易避免上当受骗。

欺诈师惯用的一种手段就是不付钱，而把商品骗走。倘若，你和职业性的诈骗师相处，那么你自己就很自然地变成他的被害者。因为他们的作法确实很巧妙！

首先，这些欺诈师，为了获得你的信赖，在和你作交易生意时，他会主动地提出："一手交钱，一手交货"。并说是付现款，这是大家最喜欢的交易，因为不是开支票，而是用现款。然后，连续几次的买货、定货，一定是付现款交给你。因为他们的交易金额很小，因此，我们要用现金付货款时，并不困难。因为他们都是有企图的投资，预计将来可以钓到好几亿元的金额。说起来，他们这样可算是最完全的投资。

他们每一次来购买商品时，都很规矩地付现金，就如刚开始所说的"一手交钱，一手交货。"如此就建立了正派率直的商人形象，这种情况，若是持续一年，那么谁都会信赖他。但他这时仍不会露其本来面目。接下来，他们就慢慢地把买的商品数量增加，货款也愈来愈大，此时，他们就会向你提议：一半用支票，一半用现金，由于过去的信用很好，所以你不太容易拒绝，而同意他们的条件。

当然，有一二次按照支票日期，你到银行领钱时，发现这些支票都是真的，绝非空头支票，所以支票的金额，确实会转移到你所在银行的户头里。这样更让对方相信。若我们仔细分析看看，在此短短两年内，和他们买卖的金额，已经从一百万元的程度，增加到一亿元的数目，到此数目，就是对方开始要收回报资费的时候。所以，他们就买了两亿元的商品，并找借口说："带了现款很不方便，我们用支票来交易吧!"由于过去几次的经验，你明白对方所说的话都算数，可以完全信任他。所以，当然不会拒绝。结果，就是因为相信这小纸片，你就牺牲了两亿元的商品。

待发现此张乃空头支票，脸孔惨白地到处找他。此时你才知道对方所居住的高楼大厦，已经是人去楼空了。他们这样有计划地长期作战，怪不得有人受骗而吃了大亏。这就是职业性欺诈师的本领。他们的诚实、率直的正派作用，确实比戏剧中表演得更好。下面就是一桩发生在日本的房地产诈骗案。

有一人到买卖土地经营者的办公室说，他想卖掉祖先留下来的一幢房子和土地。这经营者就问他房子在何处，要卖多少，大概何时要卖等问题，大部分要知道的问题大致上都打听好了之后，经营者说要和这卖土地的人到现场看看。去看当天这经营者还请了律师和不动产鉴定师一起去拜访这位卖者，一到他家，卖者就和他祖母笑容满面的出来欢迎他们，经营者就问这位祖母住在这里多久了。

其实这土地和房子的人所说的房子并非他自己的，是向人租来的，而这老人家并非卖者祖母，是他临时花钱雇用来看守房子的，可是为什么雇用这老人呢？他是想利用这老人的耳背。让来访的人看起来这老人家弯腰驼背又满头白发，误认为她在这房子住了好几十年一般。当他们问老人住多久时，她耳背，根本听不清楚，随便伸出五个手指头，本来是表示才五天，结果他们认为住了五十年，因此对这房子土地大家都认为没什么可疑之处。

这卖者事先把伪造的房产证及相关的资料先交给这老人保管，在经营者面前叫他祖母和他一同去取这些资料。这老人家耳背，根本不知道大家在谈论什么，还端出茶来，使得大家都很感激，连忙向她道谢。

这时卖者就当着大伙的面打电话给附近的寿司店说："我这里是

XX地方，我常叫的那种寿司送5份来。”听他这种很熟悉的口气，大家都认为这人住在此处很久了，这房子和土地真的是他祖先留下的，因而和他订了合约还先付了订金四分之一（100万），他们回家时还叫了出租车送他们回家，然后给这阿婆几百元，自己溜之大吉，从此再也找不到。

**总结：**欺诈师惯用的法宝就是建立信任关系，制造一种人们常识性的环境。其实只要我们注意两点，就很容易避免受骗，一是不要幻想对方应该怎样，而是要认真做好工作的每一个环节；二是不要听信任何额外附加值的承诺。

## 2. 让对方去除怀疑，信以为真

对于大家了解的事情，倘若有人否定的话，大家就会有一种抵抗力产生。但如果加以“错误的前提暗示”，就会使被考验的人有错误的感觉，能诱导被测试的人做出错误的判断和回答。

有些社会心理学者曾做了寻问心理的有趣实验，实验对象是一些老练的刑警。首先把市营电车和卡车相撞的现场照片提出来，让这些刑警仔细观察且必须要记在脑子里，最后收回照片而休息一刻钟，然后对刑警提出质问“从市营电车的窗户把头伸出来的有几人?”“从卡车掉到马路上的货物是二件还是三件?”如此，提出各种问题来考这些刑警，其实，质问的内容都是照片上没有的部分。

老实说，那张照片中并没有乘客从窗子探出头来，马路上也没有掉货物，可是对那教授安排的诡计每一位刑警都看不出来，大部分刑警回答有三人探出头来，路上掉了二件货物，其实这些都是鬼话。

像这些老经验的刑警对教授安排的诡计都看不出，这现象在心理学就叫“错误的前提暗示”。由此可见，按质问的方法，就能使被考验的人有错误的感觉。也可以说，能诱导被测验的人，做错误的解答。这是因为对于大家了解的事情，倘若有人要否定的话，大家心理就会有一种抵抗力产生之故。

倘若否定的话，那么大家了解信赖状态，就整个被推翻掉了。这位教授问：“从电车窗子探出头的有几人?”这句话中大家就会感到“你们都知道从窗户探出头的人很多?”即让对方产生“暗默中的了解”也可以说是一种无中生有的心理手段，如此，就能让对方产生错觉。

如果在这方面特别注意的话，就会知道，社会上能令人产生错觉的圈套确实不少。其中有一个典型的例子就是，政治家常利用的“像这种事三岁小孩也知道”这种说法，一开头就好像要人家无条件接受这事实，是不合理的事情要让对方感到合理时常用的。

**总结**：既然知道这是人性的弱点，我们就不要回避它。当你遇到这种现象时，不防多问个为什么。

## 3. 学会赞美别人总会遇到惊喜

在人际关系上，从头到尾一直赞美人家的好处，这种一边倒的奉承话当然不会让人有很大的信心。但是如果先讲一些缺点再强调他的好处，这样更使人感到你说的奉承话很可靠。

社会中的任何人，都有自己的优点，也有自己的缺点。再伟大的人物，也有自己不如别人的地方。在社会生活实践中，每个人都曾经有过辉煌，有过引以自豪的事情。那么，我们在与他人交往时，就要少一些批评，多一些赞美。

天底下只有一种方法可以促使他人去做任何事——给他想要的东西。那么，一个人到底需要什么？其实，所求并不多。但不可否认，有少数几样东西的确是你极希望拥有的。一般来讲，大多数人需要的东西包括：

·健康的生命

·食物

·睡眠

·金钱和金钱可以买到的东西

·未来生活的保障

·性满足

·子女的幸福

·被人重视的感觉

以上这些需要除了一项以外都不难满足。人们对这项需求的根深蒂固、迫切热望绝不至于对食物和睡眠的需要。它就是弗洛伊德所说的"渴望伟大"，也就是得到别人的赞许和承认。

任何人都希望自己的行为能够得到别人的肯定甚至赞扬。这实际上也是人性的一种弱点。不论多平凡、多么自卑的人，其内心都有一些自尊、一些自傲。如果你说几句得体的恭维话，他马上就会很高兴，纵使是过分的恭维，也不致于招来别人的恶言相向。

然而，胡乱地反复恭维别人，有时不但不能得到预期的效果，反而招来反效果。而关键就在你是否能巧妙地运用，如果不能适当运用就会事倍功半，至于该怎样做才算是运用适当，让我们先看个实例。

提起韩信，大家就会想到“胯下之辱”。不错，当年未成名的韩信，生活非常贫苦，寄食于他人之家时，有一天和一位年轻人发生了冲突，这位年轻人趾高气扬地对韩信说：“你如果有胆量就把我杀了，不然你就从我胯下爬过去。”

结果韩信选择了从年轻人的胯下爬过。这段就是“忍人所不能忍”的由来。后来韩信投靠汉高祖时，已经是个风度翩翩的青年了，不但饱读诗书，更是精通兵法，所以后人都流传着一句话“如果没韩信，汉高祖不可能统一天下”。韩信帮助高祖统一天下后，被封为楚王。

如果故事到此结束的话，那真是个圆满的大好结局，然而世事往往不是这么单纯。就在韩信当上楚王后不久，高祖恐惧韩信的势力会愈来愈大，对自己造成威胁，而不令拘捕地，并定个“谋反”的罪名。

但韩信毕竟是汉帝国的第一功臣，高祖不能如此就杀了他，所以高祖暂且按下他的罪名，把他从楚王降为侯。对韩信而言，这也是他苦难日子的开始。

之后，高祖偶尔会利用机会去找韩信闲聊，增加了解。我们可以看看后面韩信是怎样恭维高祖的。

有一天，他们的话题转到“将军的评定”时，高祖问韩信：

“你想，以我的力量，能统率多少大军。”

“以陛下的话，大概十万左右。”

“那么，你呢?”

“我啊！多多益善无妨。”

高祖又笑着问：“既然你能带这么多军队，为什么要在我手下为臣呢?”

韩信答道：“陛下，您虽无统兵之力，却有统将之能力。所以我才会成为您的臣子，陛下，您的能力是与生俱来的，没有任何人可以取代。”

对韩信而言，这席话是对高祖的恭维，但是运用得很有技巧。至于高祖的如何回答，在《史记》中并无记载，但汉高祖应该是不会生气。

在社交中，我们有时会听到别人在背后说我们的好话或坏话。对说自己好话的人，我们会对他倍加好感；而对说自己坏话的人，尤其是在背后说，我们会觉得不能与他再进行交往。所以，我们要赞美别人，可以借他人之口，也可以在背后里夸奖他。这样，对方一旦发现或听说了，对自己与对方建立友谊会有意想不到的作用。

假借别人之口，我们在日常生活中经常运用。比如：“王老师，听说您最近又出版了一部大作，能否让我拜读一下?”不管王老师是否真的出版了书，您对作学问的人这样说话，对方一般不会产生反感。真的出版了书，对方可能会因为你这样说话，答应借你甚至送你一本，而若对方近期没出版书，他也会对你的产生好感，双方的谈话就有好的“引子”，比如他会给你解释最近忙些什么等等。

著名作家王朔，笔下曾描述过两个小伙子，奉公司之命去恭维一个并不出名的学者。且看他俩是如何说的：

“关老师，我给您讲个笑话。昨天我去女生宿舍串门，一进屋就见我们系两个女生，一人面前摊着一本您的书，一边看一边互相赞叹：‘你说他怎么想的?怎么就能写得那么好呢?”’

“确有其事?”关老师问道。

“这我可以作证”。另一个人接着说，“前天这俩女生还指着我的鼻子骂我一顿：‘你这学生干部怎么当的?净是请没听说过的名人来做报告，为什么不请关老师？'”

“我也是这么回答他们的：‘你以为关老师跟一般名人一样吗？人家是真正做学问的。'”

看得出，关老师已由将信将疑转变到终于相信了。其实，这两个小伙子说的话全是杜撰的，他的根本就不是什么学生会干部，只不过他们这一“借口捧人”的双簧演得太像了，不由得关老师不相信。

有时在称赞别人的同时稍微提一点缺点，反倒使奉承话显得生动。

前几年美国宣传广告界有一项引人注目的战略，就是当时成为热门话题的“第二宣言”。内容是：专门出租汽车的爱比公司创立之后不久，见到好几家前辈公司的业务都搞得很不错，在市场上占有率相高，所以爱比公司就在为顾客服务方面，特别用心且其价格方面也相当公道，因而业务逐渐赶过几家老资格的公司，到后来市场占有率升至第二位，但是第二位和第一位的业务成绩还差了一大段距离。

倘若成绩是第一位的话，在宣传时，就会说：“我公司的业务成绩是最好的。”可是爱比公司并非如此宣传，而在他们的广告上是“我公司的业务，目前还只位居第二而已”，然后才说“因此我们的公司和员工，都不遗余力的为顾客服务”。这种宣传战，可以说是打破传统的广告程式，可是这提自己第二的宣传却很有效，使爱比公司的业务飞快地成长，几乎要超过第一位的公司了。

为何这种“第二宣言”做得很成功呢？本来每家公司都不喜欢用自己位居第二的说法，可是爱比公司却坦率的公诸于社会民众，反而使大众对这家公司诚实性的广告深信不疑，认为在说谎或骗人广告横行的现代，爱比公司更显得难能可贵，所以对这家公司产生了好感，这种宣传确实很新鲜。

每个人都会有优缺点，所以对一件事情如果用客观的头脑，做公正的观察，就会知道绝对没有百分之百完美的东西。反过来说，不是全都说自己的好处，而要连缺点都讲出来的情报才会令人相信。像百货公司常把一些零碎布料或有某种缺点的货品摆在店面大拍卖，结果只要是每种商品的本质没有损害，大家反而对这些商品有信赖感，总是很快就卖光了。

同样的，在人际关系上，从头到尾一直赞扬人家的好处，这种一面倒的奉承话，就不会让人有很大的信心。所以倘若要推荐某人给公司的话，就说："虽然这先生有某某缺点，可是……"如此，先讲一些缺点再强调他的好处，这样更使人感到你说的话很可靠。

在日常生活中，我们通常忽略的美德之一，便是赞美别人。有时候，儿女从学校带回一份好成绩单，我们忘了称赞他们；当孩子们第一次做了一个鸟笼，我们也忘了鼓励他们。对孩子们来说，父母的注意和赞赏是最令他们高兴的。

下一次，你在餐馆里见到盘中漂亮的装饰，不妨告诉厨师他们做得多好。当疲惫的店员耐心地拿出货物给你看时，也别忘了称赞他们。

每位演讲者，公共发言人都知道，当他们倾其所有给听众，却得不到一丝赞赏时，他们的内心有多失望，同样的情形发生在办公室、店铺和加工厂的员工，甚至我们的家人和朋友，他们也会有同样的感受，甚至加倍难受。别忘了一点，在人际交往里我们所接触的是人，他们都渴望被人赞赏。

**总结：**在你每天的生活之旅中，别忘了为人间留下一点赞美的温馨，这一点小火花，会燃起友谊的火焰。当你下次再度来访时，会惊奇地发现它会留下多么明显的痕迹。因此，如果你想学会待人处世，那就请你记住赞美别人。

## 4. 善意的谎言是维系人际关系的纽带

"说谎"是古代游说之士，"未达目的不择手段"的有力武器，常常被道学之士所不齿。但是那些奔走于乱世的顽强的生存方式，也是值得我们借鉴的。

在七个强国争霸的战国时代，东周国和西周国这两个小国，勉强维持着各自的疆域。

有一年，东周种稻时最重要的水被西周堵住了，百姓们完全无法播种。苏秦看到此种情况，于是便向东周王说道："请交给我来代办吧！让我和西周谈判。"

苏秦来到了西周，对西周王说道：

"你的做法是错误的，如果把水堵住，反而让东周大为高兴。因为今年东周种的不是稻米，而是小麦，如果西周想要困住东周，相反地，要让水大量地流人东周，使小麦无高地可种。这么一来，东周就会停止种麦而改种稻米，到时候将水堵住。如此反覆颠倒，东周的百姓五谷不收，人心惶惶，不就可以达到您的目的吗？"

结果西周王停止堵水的行动，苏秦也由东周和西周双方获得了大量的礼金。在这里，苏秦很明显地说了谎话，不但达到了他解除东周水量不足的交涉目的，而且获得了东西周双方的酬谢礼金，这可以说是最高明的做法。

作为中间人，某种程度的说谎是很难避免的，这是古今不变的真理，就如上面提到的苏秦的故事一样。中间人的谎言，就某种意义来说是"善意的谎言"，我们可以把它看成是一个说话的技巧。如果太离谱了，就难免有悲惨的结局。不过，在特定的环境里，这种不择手段的谎言，却能收到良好的效果，并为人称道。这其中的道理，请先好好品读下面的两则故事，自然就会明白。

其一是南朝陈开国皇帝陈霸先爱才留周文育：

周文育是陈霸先手下的一员勇将，他自幼身强力壮。寿昌戍主周荟见而爱之，将周文育收为养子。

梁武帝大同年间，周文育与杜僧明等人被广州南江督护卢安兴所启用，随从卢安兴镇压西广地区的少数民族。卢安兴死后，杜僧明、周文育等人又依附其子卢子雄。当时，交州土豪李贲起兵反叛朝廷，交州刺史萧谘逃到广州。朝廷要求卢子雄等人前去剿灭李贲，卢子雄认为，目前正值春季，交州的瘴疠之气正盛，此时进兵不利，请求到秋季再进兵。朝廷不准，萧谘也一再催逼，卢子雄只得率军前往。军队一进州，大部分士兵染病而死，活着的人也纷纷逃散。卢子雄的军队一下子垮了，只得退兵。而萧谘却诬蔑卢子雄与贼人勾结，将其在广州处死。于是，周文育便与杜僧明等率众结盟，推卢子雄的弟弟卢子略为主，进攻广州，为卢子雄报仇。当时陈霸先正在广东的肇庆，他听说周文育等人攻打广州，便带兵将他们平定下来，并生擒了周文育、杜僧明等人。陈霸先对周文育、杜僧明的忠诚勇武十分喜爱，没有杀他们，而是将他们放了。

周文育被释放后，就在监州王劢手下任长流参军，深得王劢的重用。后为王劢任满离职，周文育决定同他一起北上回京。二人行至大庾岭时，碰到一个算卦的。算卦的看了周文育，说："壮士相貌，乃贵中有贱，贱中有贵。贵贱之别，全在壮士一念之差耳。"

周文育对卜卦者说："我是个粗人，还请先生明示。"

算卦先生说："君如今可南可北，如果北上，最高只能当上县令，此为贱途。如果南下，则可致公侯之位。"

周文育对卜者的话根本不信，他说："我只要有足够的钱花就可以了，谁还指望作什么公侯！"

“你马上就有一笔意外之财送上门来，价值二千两。我的卦准不准，你不久便知。”先生说完，飘然而去。

当今晚上，周文育与王劢住进了一家客店。店里已经住进了一些人，大都是一些行脚赶路的临时过客。不一会儿，有一个客商也来投宿，安顿好之后，便主动要求与周文育赌钱。周文育因闲着没事，便答应了，没想到他的手气如此好，一晚上赢了一大堆白银。他数了数，是有二千两。他忽然想起了白天的事，认为卜者的卦果然灵验，天意不可违。于是，第二天早上，周文育便辞别了王劢，返回广州。当他回到广州时，陈霸先早已命人去路上恭候迎接，对他厚加赏赐，并提拔他作自己的部将。

我们有理由相信，算卦者、商人都是陈霸先派人假扮的，目的是留住周文育。否则，怎么会那么巧碰上算卦的？算卦的怎么会连周文育要得多少银两，都算得那么准？

其二是国宝失窃谎言擒贼

博物馆被盗了！几件镇馆的宝物都不翼而飞。警察勘探的结果认为，这绝不是一个人所为，而且必定是行家。破坏保安系统、开保险锁、车子接应等，至少要四五个人才行。但是，却没有一些破案线索。

政府开始悬赏，博物馆的馆长也接受了电视访问。

他颤抖着说：“13 件物品全都是精品，尤其是那个翠玉戒指，更举世无双，爱珠宝的人，千万不能收藏，迟早会被发现的！”他瞪大了眼睛说：“因为那戒指太好了，什么人都一眼就看得出，是价值连城的宝贝。”

电视采访播出后，没多久就破了案。

一群窃贼虽然计划周详，没留下任何线索，却因为内部不和，发生内讧而被发现。

受伤的窃贼，躺在床上吐露了实情：“当时由我和另外一个人进去，我们只偷了 12 幅画，没有拿什么翠玉戒指，可是外面的几个人不信，非要我们把戒指交出来，后来连我的朋友都认为我独吞了。”他大声喊着：“我没有拿！我没有拿！你们要相信我！”

“我相信他！”博物馆的馆长在验收12幅画之后，笑道：“感谢上帝，12幅画完整无缺地回来了。至于翠玉戒指，唉！我们馆里几曾有过翠玉戒指啊！是我一时糊涂，乱说的！”

**总结**：生活在现实生活中的人们，不管是待人接物，还是为官从商，我们都要真诚守信，因为这是维系社会和平发展的纽带。不过，在特定的环境，善意的谎言，却能收到意外的效果。

## 5. 假戏真做是强者的谎言

弱者立于穷地时迫不得已使用谎言还情有可原，但强者对弱者所使用的谎言则是恶意欺骗。他们常常动用手腕，假戏真做，以达到欺人的目的。

在中国历史上，凡是有大志者，一般都不甘心长期寄人篱下，总要千方百计寻觅自己的发展空间，于是聚众起事者有之，率兵反叛者有之，以计作上者有之，弑主自立者有之……

北魏末年的高欢，原为尔朱荣属将，心怀自立之志，以诈计瞒过尔朱兆（尔朱荣从子），为自己发展创造了条件，在河北地区聚集起了自己的力量。他欲消灭尔朱氏，把握北魏政权，演出了一场兴兵讨逆的人间悲壮之剧。

在公元530年，高欢以抚慰六镇降人为由，将北魏六镇起义的余众收为自己的部队，发展扩大了自己的势力。不久，又以并州、肆州频频饥荒为由，要求带领部队到太行山以东地区寻谷就食，借机脱离了当时掌握北魏朝政的尔朱兆的控制。

第二年，高欢带领人马来到信都，驻守此地的高乾、封隆之开城归顺。于是，冀州遂被高欢占有。这时北魏朝廷又起变化，尔朱氏废掉皇帝元晔，另立节闵帝元恭。为了羁縻高欢，尔朱氏又封他为渤海王，征其入朝。高欢识破此计，辞封不入朝。朝廷又加授高欢为东道大行台，第一镇人酋长。高欢有了名号，又有军队，势力更强。

当高欢占领了冀州之后，就一方面招降纳叛，养士修兵；另一方面严明军纪，禁止侵掠百姓，以收当地民心，逐渐站稳了脚跟。一切准备就绪后，高欢便开始琢磨如何将军心鼓动起来，讨伐掌握朝政的尔朱氏。

一天，高欢召集全军将士，传达了朝廷的一份诏书，诏书说，让高欢送一部分六镇人给尔朱氏作为亲兵。众人皆知尔朱氏暴虐，一时议论纷纷，怨声四起。然而，这封诏书是高欢假造的，目的就是为激起众人的怨恨。

又过了几天，高欢又伪造了尔朱兆的一个命令，让高欢出一万人随军征讨山西一带的少数民族部落。然而，高欢一面假装迫不得已的样子，派出一万人，一面又暗使亲信孙腾、尉景等人出面挽留，就这样，一连反复几次，这一万人迟迟不能动身。眼看将军要超过命令规定的日期了，高欢便装出一副依依不舍的样子，流着眼泪，一直将这一万人送到郊外。分别的时候，士兵们皆悲号，一时哭声恸地。

高欢见众人的情绪已被煽动起来，便众人说："我和你们一样，都是流落他乡之人，咱们同命相连，亲如一家，我真舍不得你们。无奈这是上边征发，我只好忍痛答应。现在，你们上前线打仗是死，耽误了这军期也是死，给尔朱氏作亲兵还是死。怎么办呢？"

众人异口同声地说："我们只有造反了。"

高欢说："造反倒是个应急之计，只是需要一个好的领头的。"

众人一致推举高欢。

高欢乘机说："你们这些人，平时散漫惯了，又都互为乡里，很难加以管束。想当初，领导你们起事的葛荣，部队号称百万，但无刑法，无纪律，最终还不是兵败被杀？现在你们推我为首，'我得有异于葛荣，为你们立几条规矩，你们可愿意遵守？"

众人说："愿听将号令！"

高欢说："好！第一，不得欺侮中原汉人。第二，不得违犯军令。第三，生死都听我的命令。如果你们做不到，我就不能带领你们起事。以免遭葛荣那样的下场被天下人耻笑。"

众人全部跪在地上，表示愿意一切都听从高欢的。这样，高欢便拉起一支队伍，打出了讨贼拯时的旗号，起兵征讨尔朱氏。后来，终于打败了尔朱氏，掌握了朝中大权，建立了东魏。

一个国家要有民气，一支军队要有士气。高欢激励士兵讨逆，颇类于秦末的陈胜吴广。想当初，陈胜、吴广领着数百士兵在大泽乡遇雨，耽误了日期，被逼起义。然而，高欢与陈胜吴广又有着根本的区别。陈胜、吴广所面临的戍边是死，失期亦死的环境是客观存在。而高欢所渲染的一切环境乃是人为地营造的，前者是真情实景，后者是一手炮制。然而都达了鼓动人心的效果。戏演得好了，同样可以取逼真之效。

看来，动用手腕，假戏真作，也可以达到欺人的目的。

然而，弱者立于穷地时迫不得已，使用谎言还可以接受，但强者对他的对手弱者所使用的谎言，则令人印象恶劣。现在下面要说的这个，张仪“商於六百里”的故事，就是典型的恶意欺骗样本。

这是发生在张仪做了秦的宰相之后的一件事。当时，秦的国力已经非常强大，于是就对韩、赵、魏等中原诸国施加压力。对秦而言，东方雄国——齐的存在才是他的眼中钉，当时的齐已经和南方楚国缔结同盟，对秦的未来霸业发展是一大障碍。要想打败齐国，首先必须打破齐和楚的同盟关系，宰相张仪亲自担当起这个重任，向楚国出发。

那时正是楚怀王在位的时代。楚怀王接到张仪来访的通报，于是亲自前往张仪的住处迎接。楚怀王早已知道张仪依仗着强国秦的威势有恃无恐，所以他招待张仪更是不敢马虎，极端谦卑恭敬。

“敝国位处僻远蛮荒之地，您不辞劳苦来到此地，有何重要的指教？”

“奉我秦王之令，只要贵国拒绝和齐的闭关之约，秦愿奉献商於地方六百里之地给贵国。”

张仪的这个请求，真是出乎楚怀王意料之外。他原本疑神疑鬼，以为拥有策士之名的秦宰相张仪，特地造访楚国必定会拿出无理的要求为难他，没想到是要送土地给他。

楚怀王欣然接受了张仪的请求。

楚怀王确实是一位庸君，后来著有《楚辞》的忠臣屈原，当时就因劝他勿听信谗言而被疏远。

当时的楚国，除了屈原这样傲骨爱国的人外，就属陈轸了。他原本仕于秦，因和张仪争宠失败，在张仪被拔擢为宰相时，逃到楚国。因此他深知张仪的为人，一眼就看出他的承诺是不可靠的。

当群臣争相赞美怀王的决定时，只有他一个人提出了强硬的反对意见。

陈轸说明了他的理由："秦之所以重视楚，理由很简单，无非是想以楚为后盾去对抗齐国。若和齐国断绝国交，楚必孤立，秦国断没有理由对于一个孤立无援之国，给予他六百里四方的商於之地。张仪一回到秦，必定不承认和王您的约定，届时，一旦楚和齐断绝邦交，秦必定令借题发挥，佯装另一种姿态。齐秦两国联合攻打楚国是极为明显之事。

所以，依臣之见，不如表面上佯装和齐国断交，再派人去监视张仪才是上策。等到从秦国获得土地之后，再和齐断交也不迟，也就是说，在得到秦国的土地之前，避免和齐国实质上的断交，这是很重要的一点。"

陈轸的进言，从后来事态的进展上看，的确是命中要点。

然而，怀王却听不进去，急着就和齐国断交了，且只派一位随行将军和张仪回秦国接受土地。

张仪回到秦国后，非常谨慎小心，他又玩弄了一次他的计策。他假装从马车上摔下来，以此为借口有三个月没有出仕朝廷，欲使齐楚断交已成定局之后，再对楚的承诺爽约。

中了张仪计策的楚怀王，不疑有他，还特意派遣勇士到齐国叫骂齐王，让他了解断交决不是随便说说的谎言。齐也不甘示弱，立刻采取报复措施，和秦联合。陈轸所担心的秦齐联合终于发生了。

这时，张仪才初次出仕朝廷，对楚的使者说："我的领地六里四方就给你吧!"

楚的使者抗议道:"不是六里四方,我所听到的是商於之地六百里四方。"

不论楚的使者如何抗议,张仪的态度依然不变,使者只好回国向楚怀王报告。被耍骗的怀王,非常愤怒,于是发动大军想要攻打秦国。

陈轸听到消息,立刻赶到朝廷。"请稍等,现在攻打秦国不是上上之策,不如和秦国联合攻打齐国,如此,我们对秦所付出的代价可以从齐国获得,这样我国不就不会失去寸土了吗?"

陈轸殊死直谏,怀王还是听不进去。结果楚面对秦齐的联合大军吃了败仗,最后和秦言和,割让了两个都邑给秦。

张仪当时的谈判,从达到他谈判目的这一点来看,是非常成功的。但他之所以给人恶劣的印象,是因为他欺骗了楚怀王。不用说,楚国以后必定非常怀恨张仪。

**总结:** 以强欺弱,必遭人民的反对。尤其走现代的市场经济社会里,要遵守其游戏规则,才能立于不败之地,在当今的商场上,斗智斗勇并不可怕,可怕的是欺骗。

## 6. 假话千遍说成真

同样的声明反复念过几次之后，心理上虽然不信服，可是反抗反驳的态度就会渐渐缓和下来。如果大脑连续收到同样的刺激时，这种刺激就会留在我们的潜意识里，最后还会支配大脑。

日本心理学者相场均先生做过有关“暗示”的研究报告，结果如下：

1960年，日本和美国订立了安保条约，当时有些民众由于反对这条约的订立，到处示威游行，这位心理学者就招集一些示威者。他首先对这些示威游行的人念一段文章让大家听“举首相（当时的首相）是最能干、最优秀的日本人，所以首相决定和美国订立安保条约，我觉得很对，因为有这条约的保证，才能有效地保护日本的利益。”

头一次听到这内容的示威民众，都嘲笑着说：“怎么还有人会说这种愚蠢的声明呢?”可是一段时间后，又把那声明再度念出来，这些人态度虽然改变不多，可是和第一次的反应态度不大一样，他们的态度并非忽然改变，可是至少不像第一次听到时那般的嘲笑和喧哗。从相场先生的实验看来，就知道人听到同样的声明，反复地念了几次之后，心理上虽然对这声明仍然不信服，可是反抗反驳的态度却会渐渐缓和下来。换言之，我们大脑连续受到同样的刺激时，这种刺激就会留在我们的意识里，最后还会支配思考。例如，要施展催眠术时，就先暗示对方“你的身体有点向前倾”有些人不容易受暗示影响，可是施展催眠术的老手，纵使失败一二次也不会气馁，而反复再做几次，总会成功。所以利用电视来做商品的宣传广告，就把同样的宣传内容，连续不断地反复着，利用这种心理即能提高广告效果。

有一位职业棒球队的教练，为了让每个队员都有一种特技，也总会编出第一队和第二队来，让他们两队时常进行比赛磨练。对于那些既可以属于第一队，又可以属于第二队的选手，即没有一种特技的选手，他总是叫出来夸奖他的一些优点说："你那种特技，不但在本职业棒球队最高强的，也许连其它棒球队都找不到像你这种高手。"当然，这很明显是谎言，可是有些选手却对这谎言深信不疑，而对自己的特技加强练习，结果真的练出一套特技，所以有时谎话的效力是相当大的，这就是弄假成真。

**总结：**俗话说："黑猪受到教唆时就会爬树。"所以要利用这种教唆的心理的话，说出来的谎言往往就变为事实，好像真的能让黑猪爬树一般。

## 7. 用好“说谎”这把双刃剑

有人的地方就有谎言。我们不得不承认，谎言常常能使人际关系的处理或是交涉的方式更趋于圆满和谐，并且彼此心照不宣。但是，如果使用错误，不但伤到别人，也会伤到自己。

17 世纪的英国政治家沙·亨利·欧汤就说过：“外交官就是为了对外国说谎所派遣的正直的人。”

这句话也显示出在外交交涉时必须说谎，但是说谎并不只限于外交的场合，有人的地方，通常就有谎言。

在交涉席间，虽然明知道那是不好之事，但为了辨解，迫不得已就得说谎。事实上，我们也不得不承认，这样的做法有时也能使人际关系的处理，或是交涉的进行方式更趋圆满和谐。只是这个时候为了不使谎言败露，当然手法必须高明巧妙，甚至于最好事先检讨，万一谎言揭穿时该怎么办比较安全。如果谎言揭穿了该怎么办？一般人经常会“将错就错”，这是不当的，其结果将会走上破灭之道，最好干脆低头道歉，求对方宽容谅解。

不过，谎言在特定的环境却能转变为一种机智。当一个人或一个国家处于危难之际，有时一个谎言却能转险为安，成为一种智谋。流传千古的弦高退敌就是一例。

在公元前 630 年，秦国、晋国联军包围了郑国。郑国派烛之武夜入秦营，面见秦穆公，晓以利害，使秦军退兵，瓦解了秦晋联军。秦军临退前，还留下杞子、逢孙、杨孙帮助郑国戍守。

到了公元前 628 年 12 月，杞子从郑国派人对秦军说：“郑国现在对我很信任，让我掌管他们的北门的钥匙，如果派兵偷袭，我在城内配合，定会攻破郑国都城。”秦穆公听到这个消息很高兴，不顾国内有人反对，派兵东进，袭击郑国。

当秦军行进到河南巩县时，郑国的商人弦高正好也走到这里，他准备到洛阳一带去做买卖。他看见秦国军队就知道，是要攻打自己的国家了。自己赶回去报信是来不及了，不去报信，郑国一点准备都没有，肯定会城破国亡。如何阻止秦军前进呢？紧急之中，弦高想出了一个主意。

他来到秦军营中，献上本来准备做生意用的四张熟牛皮，又加上十二头牛，并对秦军将领说：“我们国君已经知道您的大军将要经过郑国，特意派我送来这些东西犒劳您们。我国贫穷，暂且用这点东西作为您们第一天宿营的供应，后面的大批物资源源送到。”

秦军主帅大吃一惊，他们想，这些天的军事行动，都是在极保密的情况下进行的，怎么会让郑国知道了呢？既然郑国已经知道了，还要不要继续进兵呢？

就在秦军举棋不定的时候，弦高已秘密派邮车飞速回国，向君主报告秦军将要进犯的消息，一面继续与秦军周旋。秦军的主将孟明说：“我们这次来，是希望偷袭以取得成功。现在消息已经走漏出去，郑国已经早有了准备，偷袭是不可能了。直接攻打，我们不见得取胜，包围他们，我们又没有后援，不如撤兵回去。”

于是，秦军打消灭掉郑国的意图，撤军回去了。

面对强敌，弦高手中没有可以御敌的千军万马，只有一些做买卖用的牛皮和牲畜。然而，一个机智的谎言却扭转了乾坤，挽救了一个国家。

不过下面这则故事，给人的印象却不太好。

张仪失去地位以后，代之而起的是一位叫甘茂的游说之士。

甘茂出任宰相之时，从魏国来了一位叫公孙衍的人，公孙衍曾是魏国的宰相，是一位继苏秦死后，提倡合纵运动以对抗秦的人物，他为何来到秦国，实在令人不解。但秦武王在位期间和他谈过话后，却非常喜欢他。

有一次，武王和公孙衍二人谈话时，武王说道："不久我想立你为宰相。"

这句话被甘茂的人听到，很快就传到了甘茂的耳朵。

这对甘茂说是一件大事，为了保住到手的宰相的宝座，他不得不想出一个对策。于是甘茂心怀鬼计去见武王。

"听说大王得一贤相，真是可喜可贺。"

"国政之事，已全权委托你了，得贤相之说，所指为何？"

甘茂道："大王不是不久将立公孙衍为宰相吗？"

"这句话是谁说的？"

甘茂答道："是公孙衍亲口告诉我的。"

武王心想公孙衍是一个会泄露消息的人，就将他放逐到国外。

甘茂为了打倒危及宰相宝座的强劲对手，所以编造了谎言。

人这一生，谁能不说谎呢？尤其在一些非常时刻，善意的说谎"使诈"，可以让自己和他人免于被伤害，绞尽脑汁"使诈"有时真的很必要。下面的这个故事讲述得就是如何通过"使诈"成功地保护了自己。

这故事是发生在一个热闹非凡的生日晚宴后的凌晨两点。

"夜深了，你这么孤身一人赶回家，我们可不放心。要不，让我们送你回去吧。"

朋友夫妇热情地招呼车辆，要一起送阿加莎·克里斯蒂回家。

"谢谢，你们也很累了，不用送了。况且，我本就是个侦探小说家嘛，难道还会怕盗贼吗？"

阿加莎·克里斯蒂笑着拦住朋友夫妇，匆匆地上路了。这位英国女作家确实写过数十部长篇侦探小说，如《东方快车上的谋杀案》、《尼罗河上的惨案》等，塑造了跟著名侦探福尔摩斯一样，驰名全球的侦探英雄的形象。可是，谁会料到，这天晚上，她本人也真地遇到了抢劫案。

她独自一个走到那条又长又冷清的大街上，突然，从一幢大楼的阴影处，直冲出一个高大的男子，那人手持一把寒气逼人的尖刀，向阿加莎·克里斯蒂扑了过来。阿加莎·克里斯蒂知道逃是逃不了了，就索性站住，等那人冲上来。

“你，你想要什么?”阿加莎·克里斯蒂显出了一幅极害怕的样子问。

“把你的耳环摘下。”强盗倒也十分干脆。

一听到强盗说要耳环，阿加莎·克里斯蒂紧锁的眉头舒展了。只见她努力用大衣的领子护住自己的脖子，同时，她用另一只手摘下自己的耳环，又一下子把它们扔到地上说：“你拿去吧！那么，现在我可以走了吗?”

强盗看到她对耳环毫不在乎，而只是力图用衣领遮掩住自己的颈脖。显然，她的脖子上有一条值钱的项链。他没有弯下身子去拾地上的耳环，而是重新下达了命令：“把你的项链给我!”

“噢，先生，只是它一点也不值钱，给我留下吧。”

“少废话，动作快点。”

阿加莎·克里斯蒂用颤抖的手，极不情愿地摘下了自己的项链。强盗一把抢过项链，飞也似地跑了。阿加莎·克里斯蒂深深地舒了口气，高兴地拾起了地上的耳环。

原来，阿加莎·克里斯蒂保护项链是假，保护耳环是真，她刚才的表演不过是为了把强盗的注意力从耳环上引开而已。因为，她的钻石耳环价值480英镑，而强盗抢走的项链，是玻璃制品，仅值6英镑10先令。

**总结：**谎言是一把双刃剑，如果使用错误，不但伤到别人，也会伤到自己，它不是一把传家的宝剑而是一把妖剑，最好不要轻易拔出。

# 第九章　四两拨千斤，巧解各种困境

为人者方寸一乱，可使他失去往日的智慧；为帅者方寸一乱，可使全军败亡覆灭。对于突如其来的险情或者是不速之客的质问，甚至是无理取闹者的要求，只需使用几种太极推手之法就能巧妙地将突来的危险化于无形。

## 1. 虚晃一招就能闪避对方的攻击

如果要闪避敌人的攻击或批评，就故意先安排一些人来批评我方即可，这样就能巧妙的闪避过去，纵使对方再次攻击，也会因慢了一步之故，气势上就弱了许多，而且也有拾人牙慧之嫌。

自古就流传一句话“鞭不打死者”。由此可见，不管做了天大的恶事，只要处境不好，就不受鞭打或攻击，法院在判决时，也有一种观念即“既然已受到社会上的责备和制裁，因而在判决时就会稍减轻罪刑”。

如果要闪避敌人的攻击或批评，就故意先安排一些人来批评我方即可。例如，执政党发生丑闻时，在野党准备开始攻击，此时执政党就先安排党内人士对自己提出攻击，表面上说是为了要确立政治伦理，如此一来，在野党就不好意思再提出攻击，这样就能巧妙地闪避过去，纵使对方再提出攻击，也因慢了一步之故，气势上就弱了许多，而且也有拾人牙慧之嫌。

在电视的时事评论中，执政党人士有时也会挺身而出批评自己党的一些小问题，此即利用这种心理关系，而且会让观众觉得执政党很会自我反省，而批评自己的不是，如此一来，就会给民众留下良好的印象，有些人听了这种批评，心情就会变得很舒畅。

在社会中利用这种人的心理而巧妙操纵舆论的人很多，这些人很了解，大家对某些部分有高亢的不满情绪时，绝不会出来抑制这种不满感；因为如果搞不好会导致不满感的爆炸。

所以要解决这种不满感，就得时常出现一些小规模的发泄，不断的表演下去，民众因为有这种小规模的发泄，才不会导致很大的不平不满情绪，这样对大局是相当有利的。

**总结：**为了防止我方的人受到敌人的攻击，就得得先批评我方的人或自己，以至躲开攻击我方的主要部分。

## 2. 岔开质问减弱对方气势

如果两个人为了某问题处于紧张的状态，忽然又出现和问题本身方向完全不一样的情报，注意力就会转到这个情报上去，因而刚刚的紧张感就能降低许多，本来已有相当紧张感，可是为了忽然间介入的小事而分散注意力，紧张感就会降低或者消失得无影无踪。

拳击术中，有避开对方强打击或闪躲的防御战术，使用这种战术对方不但无法打到自己，还可以消耗对方的体力，也有减弱对方打击的效率。

人与人之间的关系，就有点像拳击这种情况。例如，两个人为了某问题而处于很紧张的状态，忽然又出现和问题本身方向完全不一样的情报，注意力就会转移到这情报上，因而刚刚的紧张感就能降低很多，这也很像加热中的压力锅，本来压力是逐渐升高，可是如果压力锅忽然有一小孔，压力就会急速的下降，换言之，本来已有相当紧张感，可是为了忽然间介入的小事而分散注意力，紧张感就会降低。

利用这种心理原则，就可以闪避对方严厉的追究，换言之，如果对方怒气冲冲的压迫过来，我方就出一些不相干的问题，例如，“现在几点了”、“你带的眼镜好像不太合眼睛的度数”等，如此提出让对方生气的问题。那么，对方一定会想先解决你所提出的问题，也许会很生气的骂道：“你这个混蛋，我讲的问题很重要，你却跟我胡扯。”可是这么一来，对方的注意力和目标已有点脱离，所以怒气就会减弱很多，下面就有一段实际例子。

日本有一时期，大学学潮很盛行，那时有位教授被学生邀请到他们聚会之处，接受学生们接二连三的质问，几乎感到无法招架。因为身为教授讲话要负责的，不能信口雌黄，另外一方面由于参加的时间很长，对各种难题也听多了，已有厌恶之感，所以也不想回答。这时有位学生怒气冲冲的对教授提出质问，他一连讲了一大堆，等到他讲完之后，教授才若无其事地反问他："你刚才说什么?"对教授这一招，那学生也愣了一下，不过马上又想用比刚才更激烈的口气准备讲话，可是这时其它学生的怒骂声此起彼落，一时也说不清楚，所以就暂时保持沉默，其实教授这句话的动机，是为了减弱那学生的气势，结果就会也不了了之。

有一时期，日本的游行示威队的民众和警官处于对立的状态，且有一触即发之势，这时不知从何处，传来广播电视台的气象报告，内容如下："气象局发表说，现在低气压……"这种悠哉悠哉的气象报告，使民众和警员都感到非常有趣，不约而同的发出笑声，结果一场几乎要爆发的冲突，消失得无影无踪。

**总结：**在讲话中，如果两个人为了某问题处于紧张的状态，忽然又出现和问题本身方向完全不一样的情报，注意力就会转到这个情报上去，如果提出完全无关的话题，就能减弱对方的气势。

## 3. 露出小错误，隐蔽大错误

要隐藏大错误的话，就要故意露出小错误部分，让对方进行攻击，只要心理满足的话，就不会想再做任何攻击。因而推出小错误让大家攻击，那么大错误部分自然地受到掩护，不会引人注目了。

日本在上个世纪发生的KDD事件，是当时轰动社会的事件。成田机场的海关，有人把KDD职员走私事件抖露出来，接着调查机构就开始调查，最后才知道，把巨额的利益隐藏不报，而且许多干部人员也参加了此事。这件事几乎使KDD崩溃。

当时无论报纸或电视，每天都登载这事件的演变，尤其是KDD的总经理，受到很严重的攻击，因为这总经理动用公司公款买了些内衣、袜子等，这就是公私不分的丑闻，这总经理受到报纸的攻击，连电视都谴责他的不是。

这事件的经过很有趣，大部分的人只关心着几百元小金额的东西，因动用公款而吞入私囊，因而才遭到攻击，结果对隐藏其中的几千万的巨额资金，部分民众反而不太注意。老实说，也许KDD组织故意把这种小错误部分提出来，让民众注意，而隐藏几千万元的贪污事件。

计划性地把小错误部分提出来，用来隐蔽大错误的例子并不只KDD事件。从心理上来说，民众只要有攻击目标，攻击了之后就会感到满足，只要心理满足的话，就不会想再做任何攻击，因而推出小错误让大家攻击，而大错误部分很自然地受到掩护，不会引人注目。并且这种几百元的犯罪，和一般人日常生活关系比较密切，几千万的大金额对一般人来说，就没有真实感，当然愤怒的情绪就不致于太激动。大部分人对小偷也有这种感觉，偷一只鸡或两只鸭的小偷，大家都会骂他，可是偷了几千万的小偷，往往大家不大重视，甚至有人把这种偷大钱的小偷，当成英雄来看待。

**总结：**要隐藏大错误的话，就要故意露出小错误部分让对方攻击，这样就能做得很成功。

## 4. 使不善的来者陷入失望

如果要让怀有恶意的来者接受你的条件，就要翻来覆去地攻击，使对方产生倦怠感而放弃初衷。和对方交涉时也是有耐心的人获得最终胜利，如果坚持下去，对方的心理就会产生动摇。

美国某杂志有篇文章介绍“如何才能够买到便宜的衣服”，所记载的方法如下：到商店看到自己喜欢的服装时不要动声色，更不要让店员看出你喜欢哪一件，故意和店员商讨其他的服装，而反复地试穿，等到店员有了倦怠感，不知道这客人到底要买还是不买，在店员的不高兴心情下，才拿出你喜爱的那件衣服说：“我想买这件，不过你肯减价多少才卖呢？”这是一种很好的办法。

平常绝对不减价的商店，若碰到这种选择商品花了很多时间的顾客，由于店员长时间的接待他，而就很自然地觉得若不让这顾客买点东西出去的话，好像会受很大损失，也可说很想卖东西，因此很轻易地对你开的价答应下来。

当然美国人所用的这种手段在国内不一定会通用，不过这是先把对方弄到灰心失望的心理状态，而使对方无力的一种心理战。在各方面就常常都利用到这种心理战，说不定读者们也曾受这种心理战的损害。譬如说太太要丈夫给她买衣服，或小孩向母亲讨零用钱买东西时，就在有意识或无意识中利用这种手段来发动攻击。最初一定是丈夫对太太或母亲对小孩说：“为什么你会需要那种东西呢？”然后为了拒绝对方要求，而来说服对方放弃，可是在对方两天一小吵，五天一大吵中，就产生怕麻烦的心理随便地说：“好吧，你喜欢的话我就买给你。”

和别人交涉时也是有耐性坚持自己意见的人，到最后会得到胜利的。虽然这种方法很单纯，如果你坚持下去的话，对方心理就会产生动摇，可以说这种心理作战相当有威力。因为时常受攻击的话，就会产生焦燥感，一旦心情焦燥，判断力和理智都会降低，因此往往为了得到稳定的舒服状态，而轻易地答应对方的要求。

**总结：**要想让对方判断力和理智降低，接受你的条件，就要做翻来覆去地攻击，使对方产生倦怠感，才会有效。

## 5. 使对方的意见和要求走样

人在惊慌失措之际，往往会有种种失态，均属于下意识反应，无法控制。因此，当对方故意提出一些无理要求或问题，从正面阐述道理一时难以驳倒或者对方问题本身就带有挑战和侮辱性，这时可以采取曲解对方质问的办法，让对方意见走样，从而变被动为主动。

人在惊慌之际，往往会有种种失态。或脸变颜色，或神色不安，或口讷语迟，或手足无措。总之，种种失态均属下意识，无法控制。

《三国志》记载：孙权和刘备决定联合起来共同对付曹操时，曹操正在写字。他听到这个消息时，慌得手中的笔脱落下来。

无独有偶，刘备也有过类似的失态，但却被他巧妙地掩饰过去了。

建安三年（198 年），刘备的上万人马驻扎在沛县，遭到吕布的袭击，失败后投奔到曹操那里。曹操器重刘备的才干，任命刘备做了豫州牧。同年十月，刘备随曹操东征，活捉吕布并杀了他。返回许都以后，曹操任命刘备为左将军。

刘备虽然是依附曹操，但也企图消灭他。汉献帝刘协的舅父车骑将军董承，看出刘备的意图。有一天来到刘备所住的公馆，取出锦袍玉带中藏着的天子手书血字密诏，商议共同除掉曹操的办法。刘备欣然同意，并签字画押，嘱咐董承说："千万要小心谨慎，慢慢寻找机会，切不可泄露机密。"

刘备为了提防曹操，消除对自己的怀疑，就在住所后面种了一块菜园，每天亲手浇水施肥，以为韬晦之计，避免曹操的注意。别人看来刘备似乎真的胸无大志，不关心天下大事了。连关羽、张飞二人也对此不满。

有一天，刘备正在菜园浇水，曹操派人请刘备到府中饮酒消遣。刘备带着不安的心情来到曹府，曹操一见刘备就笑着说："你在家做了大好事了！"吓得刘备面色如土。曹操拉着刘备的手一起走向后园，指着菜园说："玄德学习种菜，真不容易啊！"刘备听了才放下心来，说："没有事做，消遣罢了！"曹操指着园中树枝上的青梅说："刚才看见梅子青青，就想起了去年征伐张绣的时候，将士缺水口渴。我当时灵机一动，以马鞭虚指前方说：'前面有梅林。'将士们听了，顿时口中生津，不觉得口渴了。今天这青梅不能不赏，因而邀请你一同赏梅饮酒。"说着俩人已走到亭前，那里已摆上一盘青梅，一樽煮酒。俩人面对面坐下，叙谈畅饮。

酒喝到一半正在兴头上，天空忽然阴云密布，即将大雨来临。曹操和刘备靠着亭栏，遥望像乌龙一样的黑云。曹操忽向刘备提问："你知道龙的变化吗？"刘备答道："不太清楚。"曹操说："龙能大能小，能升能隐，现在是春末季节，龙随气候的变化，就像一个人得志后四海纵横一样。龙可以比作当今世上的英雄。玄德久经沧桑，必定知道当今谁是世上英雄，请你举出一二个。"刘备说："我这肉眼怎能识别英雄啊？"曹操说："不用谦虚。"刘备说："淮南袁术，兵粮充足，可以算得上英雄？"曹操笑着说："坟中的枯骨，我早晚必能捉住他！"刘备说："河北袁绍，今日虎踞冀州之地，可以算得上英雄？"曹操又笑着说："袁绍表面厉害，实际胆小，有智谋却欠果断，想干大事又惜命，见小利而又忘命，算什么英雄？"刘备又说了刘表、刘璋、张绣、张鲁等人，曹操拍掌大笑说："这种碌碌小人，何足挂齿？"刘备说："那我实在不知道了！"曹操说："所谓英雄，应该是胸怀大志，有勇有谋的人。"刘备问："那是谁呢？"曹操用手指着刘备，然后又指指自己说："当今天下英雄，只有你与我啊！"刘备一听，大吃一惊，手里的筷子，不觉地落在地上。这时正好电光一闪，巨雷轰鸣。刘备装作镇静拾起筷子说："刚才这一声惊雷，把我手中的筷子都震落了。"曹操大笑道："大丈夫也惧怕打雷吗？"刘备说："孔圣人说：'遇到急风惊雷一定会改变面容。'真是这样啊，我怎么不怕呢？"刘备就这样轻轻掩饰了自己的惊慌神态，使曹操错以为他也不过是个普通人物，而不是自己争夺天下的对手。以后便放松了对他的警惕，还派他去阻截袁术。终使刘备有机会逃脱曹操的控制，扩大自己的队伍。

遇到意外情况，必须随机应变才能化险为夷。刘备对于曹操突如其来的试探，妙借迅雷炸耳的巧合，顺利掩饰了因恐慌而失落手中筷子的破绽，这是用了随天时之机。

惊慌失措往往会败坏大事，随机应变让对方的质问转化，常常是化险为夷的法宝。

《三国演义》中有这么一段故事：曹操欲杀董卓，他乘董卓睡觉之机，准备行刺。正当刀出鞘之时，董卓突然发现。曹操随机应变，双手举刀，跪在地上，口称献刀。

曹操一向被人称之为"奸雄"，但其随机应变、智慧超群的一面亦常令人赞叹不已。

对别人的问题故意回答不相符的答案，这在一些特殊的情况下也可起到拒绝的作用。

1928 年 2 月，由于叛徒的告密，年仅 28 岁的共产党员夏明翰不幸被捕，敌人用尽种种刑法，都不能使他屈服，国民党反动派对他进行了最后一次审讯：

"你姓什么？"

"姓冬。"

"胡说，你明明姓夏，为什么乱讲？"

"我是按照你们国民党的逻辑在跟你们说话。你们都是这样：把黑说成白，把天说成地，把杀人说成慈善，把卖国说成爱国。我姓夏，就应该说成姓冬！"

“多少岁？”

“我是共产党员，共产党万万岁。”

“籍贯？”

“革命者四海为家，我们的籍贯是全世界。”

“宗教信仰？”

“我们共产党人不信神不信鬼。”

“那么，你没有信仰吗？”

“有信仰。我信仰马克思主义！”

“你究竟知不知道你们的人在哪里？”

“都在我心里。”

这段对话，显然带有一定的艺术加工成分，但这是一段很精彩的语言表达。夏明翰没有正面回答敌人的问题，而是把敌人所问的话引申开来，利用问题中的词句的特点，加以发挥，阐明自己的立场观点和阐发共产党人的大无畏精神，从而使自己由被动转为主动。

**总结：**当对方故意提出一些无理要求或问题，从正面阐述道理一时难以驳倒对方或对方问题根本就带有挑战或污辱性，就可采用曲解对方质问的办法，让对方意见走样，从而变被动为主动。

## 6. 让对方被迫收回无理的要求

在会议上或大庭广众之下，如果要闪避对自己不利的要求或提案是很简单的。让全体人员参加进行彻底的讨论，那么所作出的结论无论如何，都好像反映着每个人的意见，无理的人自然就知难而退了。

日本川喜田二郎是文化学者，他发明 KJ 法，这方法效果很不错，因而有名的新电器公司，以及很多企业都采用这方法。

新力公司的小林茂先生，就是引入 KJ 法的人。他将公司员工分成几组，各组人士对某一问题有什么看法，就直接写在小卡片上，然后全体人员参加整理这些卡片，那么会得到什么结果呢？谁也不知道，反正全体人员对这问题都有很彻底的了解。因而能使大家团结一致。还有一种方法，也是为了统一意识的手段，这也是劳工组织的常用的，此即开会时，无论什么小问题或要求都提出来，经过长时间考虑，最后才整理为几个目标或口号，由于每人提出的要求或主张当然免不了有些部分要舍掉，有些部分要增加，所以到最后的整理阶段，就和劳工能力有密切关系。

这种作法倘若从坏的方面来讲，表面上是接受大家的高见，可是私底下有些要舍掉，这样可以按照自己的想法整理出来，那位很会煽动民众的政治家希特勒说："要让民众跟着我来的话，我尽量提出更少的目标，而且这些目标都是很单纯的。"

每个人提出复杂多歧的要求意见，通通写出来，经过大家的讨论，尽量单纯化。而人总是喜欢单纯的，所以纵使稍有不合情理的理论也要整理出来，那每个人都认为这是尊重我自己的意见，才提出来的，就容易有这种错觉。换言之，好像自己的意见对这个提出的目标或口号都有相当的影响力。

如此考虑的话，就知道在会议上要闪避以自己不利的要求或提案是很简单的。换言之，不管是大意见或小意见，都让他们提出来，然后把意见都混在一起，让大家彻底讨论，最后才提出单纯明快的目标。参加的人这时一点也不会觉得自己受到操纵，反而感到是因为有了自己的意见才会有这种结论。

**总结：**让全体参加而彻底地讨论，那么所做出的结论无论如何，都好像反应着每个人的意见。

## 7. 做个处乱不惊的强者

无论高兴或者悲伤，总是泰然自若，从不把感情表现在脸上。即使处在重重困境之中，也要坚信办法总比困难多，总会找到突破口，从而化险为夷。

在中国人当中，采用“不言之言”做为自己的政治态度，在无言中成功地收揽人心的人很多。在4世纪后期，东晋的宰相谢安就是这种人。

谢安生长时的中国，是历史上称为“五胡十六国”的时代，异民族在北方黄河流域所兴建的十六个国家，不断重覆着激烈的并吞，兴亡迭更，而汉民族的正统王室东晋，则退居南方的长江流域，维系着汉族的命脉。顾名思义，这是一个乱世。

出生于东晋名门贵族之家的谢安，年轻时就集众人的期望于一身，朝廷也频频催促他出仕做官，但他总是伪装生病拒绝，每天过着悠然自得的生活，虽然如此，每个人还是对他寄予很大的期望，交相谈着：“安石（谢安的字）不出，教苍生如何是好?”

谢安不负众望就任东晋宰相时，北方有一个叫前秦的国家，如旭日东升一般制压了整个黄河流域，不久就把箭头指向南方的东晋。谢安身为宰相最大的任务，就是要阻止前秦的侵略，图谋东晋的安泰和存续。他起用自己的外甥谢玄做将军，防备前秦的攻击。

不久，前秦动员了百万大军进攻东晋，而保护东晋的兵力，只不过八万而已。东晋首都建康的百姓们，个个人心惶惶，连手边的工作也丢下了，惟独宰相谢安一个人显得非常沉着。

谢玄要赴前线抗敌之前，去拜访他的叔叔谢安，希望得到他的指示。谢安的态度“夷然”，亦即完全和平常没有两样，他对谢玄的问题回答道：“这事我已经想过了。”之后就沉默不言。不得要领的谢玄，不得已只好引退，但却依然放心不去，再次派遣部下去见谢安，希望获得他的指示。然而谢安已经出门，去和朋友们开宴会了。

谢玄于是去宴会地点，谢安捉住谢玄要求和他比赛围棋并且以自己房屋为赌注。谢安的棋技稍逊谢玄，但是那天的谢玄，无论如何是不会获胜的，在他认为当时并不是下围棋的时候。

如此，谢安在危急关头依然能和没事一般冷静沉着。

他之所以如此，并不是因为他心中已有了打破难关的秘策，这是一场就连名将谢玄都没有自信的战争。谢安之所以平静沉着，是因为他身为宰相就必须如此沉着，当然，谢安的这种态度确实有镇静谢玄和朝臣惶恐的效果，如果宰相本身惊慌骚动，将会使人心更加动摇。

谢玄是否得到叔父谢安的指点，史书上没有任何记载，但是，战争却取得了可喜的战果，谢玄的军队将敌人超过十倍的大军个个击破，打得落花流水。

站在前线的谢玄，积极果敢，首先打败敌人的前锋部队，当初被认为处于劣势的东晋军队，由于这个制敌先机的胜利，军心大作，士气如虹。反之，节节吃了败战的前秦军队，军心涣散，颓丧浮躁。谢玄趁机追击，前秦屡屡败退，终在“淝水之战”中，前秦被攻打得体无完肤，全军溃败。

东晋之所以取得胜利，当然是因为谢玄的作战策略成功，但能够让谢玄没有后顾之忧，专心于作战指挥的，难道不是站在后方，如同将秘策藏在心中之沉着稳定的叔父谢安吗？

当胜利的消息由探子快马加鞭传到谢安身边时，谢安正和客人下围棋，他只看了书信一遍，就把它放在桌上继续下棋，一点也没有显露出欣喜的神色。客人觉得奇怪就问他什么事，他才回答道：

“小儿辈，遂已破贼。”

谢安无论高兴或悲伤，总是泰然自若，从不把感情表现在脸上，就连国难当头亦不改变，这种态度不只赢得了众人的信任，使人心的动摇降到最低限度，如果说他带给谢玄决定性的胜利，实不为过。

东方朔是西汉时期的智者，他以幽默著称，用看似漫不经心的语言，解决许多很难解决的政治问题。他的成功经验，确实值得重视。

汉武帝初年，东方朔被召人宫，拜为常侍郎。自此，东方朔常随武帝左右，因遇事机敏，语言诙谐，渐渐受宠，就是有点小过，武帝也不加诘责，且常呼东方朔为先生。

一年三伏天，武帝赐以官肉，照例由大官丞来分。东方朔闻讯，入殿候赐。从中午时分等起，直到日头偏西，仍不见大官丞来，时天气炎热，众官满身是汗。东方朔不由懊恼起来，一会儿看看日头，一会儿又看看肉，尔后拔出宝剑，走到砧板面前，割下一块肥肉，举起来对大家道："三伏天太热，应早早归休，且肉也易腐，臣朔不如自取，就此受赐回家了。"说完，手中提肉，跨出殿门，独自一人走了。同僚见了，也想这样做，但没有一人敢向前动手。直到大官丞到来，才宣诏分赐。只是不见了东方朔，经问众人，才知他已割肉自去，不由心中怪他专擅，当即将此事奏明武帝。

第二天早朝，武帝见东方朔到来，劈头就问："昨日赐肉，先生不待诏命，割肉自去，这是为何？"东方朔闻言，并不惊慌，忙免冠跪下，从容请罪。武帝见东方朔已经认罪，说道："先生且起，请当众自责吧！"东方朔再拜而起，暗中环顾了一下四周，自责道："朔来！朔来！受赐不等诏，怎么如此无理？拔剑割肉，志何壮也，割肉不多，又何廉也！归也细君（东方朔之妻），情何仁也！难道这无罪么？"从臣听后，暗自发笑，这是什么自责？明明在自己夸自己。武帝听后，大笑道："我让先生当众自责，你反自誉，岂不可笑！"武帝一说，引起满殿都是笑声。武帝道："看你又壮、又廉、又仁的面上，朕再赐你酒一石，肉百斤，回家送你的细君吧！"从臣闻言，又是一阵笑声。东方朔听后，乐得手舞足蹈，急忙谢恩，受赐而去。

东方朔走后，众僚都交头接耳，对他的机警，都称赞不已。

俗话说："言可招灾，言也可避祸。"东方朔不待诏令，擅自割肉去，实为过错，但当武帝让他自责时，他名为自责，实为自誉。语言滑稽、诙谐，但又含理其中，引起同僚欢笑，龙颜大悦，不仅将小错掩过，还得到了加倍赏赐。东方朔的智慧，非一般人可比！

可见，借用时势的语言和心理定式来解释自己的行为，确实是在险恶的政治气氛中争取全身的良策。

为人者方寸一乱，可使他失去往日的智慧。《三国志》里说，徐庶的母亲被曹操软禁起来，正在为刘备充当谋士的徐庶告辞刘备时说："本能"与将军共图王霸之业者，以此方寸之地也，今已失老母，方寸乱矣。"

为帅者方寸一乱，可使全军败亡覆灭。战国时，赵国主帅赵括中了秦将白起的计谋，被围于关平，立时方寸大乱，平时纸上谈兵的本事早已无影无踪，只会不顾一切地乱打乱冲。

可见，临危不惧，泰然自若对一个人、一个集团是多么重要。

**总结：**人与人有素质上的高低之分。危难是检验人的素质、胆识的最佳场合。处乱不惊、泰然自若，即使处在重重困境之中，也能找出突破口，从而化险为夷。

# 第十章　强硬派的逻辑思维——发展才是硬道理

历史的经验告诉我们，强硬派往往比温和派更容易获得成功。虽然温和派往往都有才华，而有才华的人未必就能成功，他们缺乏的，往往就是强硬派身上所具备的强梁霸寇之气。

## 1. 宁为鸡头，不为凤尾

鸡和凤有着类的区别，但头和尾却有着质的区别。虽然每个人的人生追求和价值观各异，但自主决策是不是比仰人鼻息活得洒脱一些呢？

下面一段故事是通过苏秦的游说，使宣惠王明白了沦为凤尾的亡国奴，将是多么的可耻，从而加强抵御了秦国的进攻的决心。

当苏秦向韩宣惠王提出合纵政策时，首先从韩国的国力说起，加深宣惠王的印象，让他觉得韩国国力十分坚强。“韩国，是个领土千里，拥兵数十万的大国，天下最强的弓和弩都是韩国所造。溪子、少府所作的弩，至少可射六百米的距离，韩兵的射术更是百发百中。一个国力如此强大又有贤君领导的强国，却沦为秦的属国，真是没有比这更可笑的国耻，请大王三思而行。”

“大王如果臣服于秦，秦一定会向你要求宜阳、成皋。今年如果给了他，明年他会再要求更多的土地。如果不给他，那你以前所给他的土地也都白费了，反而会引来祸事。如果每年都送土地给他，有一天会把全国都送光。大王的领土有限，秦王的欲望无限，以有限的领土应付秦王无限的欲望，那迟早是要起战火的。”

这是个很容易明白的道理。给了他一点地位，他便会要求更高的地位，直到完全掌握经营权为止。因此和秦同盟是百害而无一利。

最后苏秦针对韩王的自尊心又接着说：“所谓‘宁为鸡头，不为凤尾’，如果臣服于秦，无异于凤尾，拥有强大的兵力，却留下个凤尾的污名，大王为了您的名声，请三思三思。”

韩王脸色一变，咆哮着说：“死也不降秦。”

作为一国之君不求独立不称其为国君。作为个人如果终生安逸，就不会有所发展。

总之，无论是个人，还是一个团体、一个国家，当成为别人的附庸时，你还会有自由吗？还会有发展吗？

**总结：**贪图小利和小富即安、只求安逸的人难成大器。不要因为羽翼未丰时看不到机会，就不去构想你的未来。只要不让人的惰性占居你身上的空间，待到另立山头时，才不会轻易被折断。

## 2. 创造机遇和条件以获得好处

每个人的成功除了勤奋，还都需要机遇，没有机遇，任何人都不可能获得成功。但是，人生的机遇一闪即逝，只有善于创造把握的人才能得到。

既然你有能力完成此项工作，就要勇于争取你应得的回报。但讲究一定的方式，还是有必要的。请看下面两个事例，也许你会有所启发。

孟尝君姓田名文，他的父亲田婴是齐威王的小儿子，曾为齐相，受封于薛，人称薛公，号靖郭君。田婴去世后，田文承袭其父田婴的封爵，在薛邑接位，号孟尝君。齐湣王三年（公元前298年）孟尝君被封为齐相，门下食客已达数千人。

当时，齐国有名叫冯谖的人，贫穷得自己不能养活自己。听说孟尝君敬好宾客，便托人告诉孟尝君说："齐人冯谖愿意投在孟尝君门下找口饭吃。"孟尝君表示欢迎，冯谖便穿着草鞋来见他。孟尝君问道："您爱好什么呀?"冯谖答道："我没有什么爱好。"孟尝君又问："您有什么本领吗?"冯谖道："我没有本领，听说您爱好士人，便来找口饭吃。"孟尝君听了，笑了一笑，便把他安顿在普通客房里。

左右的人以为孟尝君轻视他，平日仅送一些粗劣的饭食给他吃。过了十天，孟尝君问管理客房的小吏道："那位客人来后干了些什么?"小吏答道："冯先生很穷，仅有一把剑罢了，平日没见他做什么，只是靠在一根柱子上，弹着他的宝剑唱道：'长剑回去吧，吃饭没有鱼。'"孟尝君听后，便吩咐让他搬到中等客房，并告诉小吏道："给他鱼吃，像对门下吃鱼的客人那样款待他。"

过了五天，孟尝君又问小吏。小吏答道："那个客人还在弹他的宝剑，唱道：‘长剑回去吧，出门没有车。’”孟尝君叮嘱小吏道：“给他车坐，使他与门下乘车的客人一样。”并让他住进了上等客房。于是，冯谖高高兴兴坐上孟尝君给他的车，手中高举着宝剑，出门去访问他的朋友，逢人便道：“孟尝君把我当作客人了。”

又过了五天，孟尝君再次询问马谖的情况。小吏答道：“冯先生又弹上那口宝剑了，唱道：‘长剑回去吧，没有东西来养家。’”孟尝君问道：“冯先生有亲属吗?”有人答道：“冯先生有一位老母亲。”孟尝君便派人供给他母亲食物及日常用品，让他母亲感到满足。从此，冯谖也就不再弹剑作歌了。

冯谖争取自己待遇的方式，可谓是巧妙至极。既含蓄，又说明了自己的意图。虽然现代的社会可以直接提出你的要求，不过，讲究一些方法还是有必要的。

下面的东方朔更是聪明，利用制造新闻的方式来争取自己的待遇。

汉武帝刘彻性喜读书，崇尚儒学，他即位后，立刻颁下一道诏书，命丞相、御史、列侯、郡守等，举荐贤良方正和直言好谏之士。

诏行全国，一时被选儒生约有千余人，先后西入长安，各自上书自陈。武帝一一亲自披览，合意者，令往公车处待诏；不合意者，令离都返乡。

东方朔，字曼倩，本原厌次人，少好读书，又颇诙谐。闻朝廷广求文士，也想乘机食禄，光耀门庭，于是也往长安，上书自荐。武帝阅后，连称奇文，令他待诏公车。

东方朔奉命留都，每日前往公车处领取钱米，但只够一宿三餐，有时还须自己补贴一些费用。一晃数旬已过，仍不见诏下，东方朔囊资将尽，急得他坐卧难安。这一日，他出游都中，以解烦恼，忽见有一群侏儒，从旁经过。东方朔本是机警之人，见此，灵机一动，计上心来。他立即跑上前去，拦住侏儒，对他们说：“你们死在眼前，还如此自在!”侏儒闻后，大吃一惊，忙问：“足下此话从何说起?”东方朔颇为神秘地说："我闻朝廷召你们入京，名为侍奉天子，实是设法除掉。不仔细想想，你们一不能为官，二不能为农，三不能为兵，无益国家，徒耗衣食，倘若一律处死，可省多少食用？因怕诛杀无名，所以将你们诱入都城，暗中加刑。"侏儒们顿时被吓得惊慌失措，面色苍白。东方朔一见，心中暗喜，又装作关心的样子说道："你们不要慌张，我看你等无罪受戮，也觉可怜，现有一法，你们若能依我，便可免死。"侏儒们听后，忙问何法，东方朔答道："你等待御架出来，便去叩头喊冤，如天子问起，就说是我东方朔说的。如此，便可无事。"说完，转身离去。

侏儒们被东方朔所吓，信以为真，遂逐日在宫门候驾。好容易等到武帝出宫，便一齐跪在驾前，大呼冤枉。武帝见此，颇感奇怪，忙问原因。众人齐道："东方朔传言，说陛下将要尽诛我等，故来喊冤。"武帝素知东方朔机敏，闻后说道："朕本无此意，你等放心退下，朕定找东方朔问个明白！"侏儒听后，这才放下心来，拜谢离去。

武帝回宫后，想起此事颇觉不解，不知东方朔用意何在？于是命人往召东方朔。

东方朔被困公车，不见诏令，故借此计，欲见武帝。他恫吓侏儒后，回到公车处，静候佳音。果然，数日后，诏令传下，命他速速入宫见驾。

东方朔闻召，立即来到宫中，拜见武帝。武帝怒道："你目无王法，为何恫吓侏儒？"东方朔跪道："臣朔生要进言，死也要进言。侏儒身长三尺余，每次领一囊米，钱二百四十。臣朔身长九尺余，也领一囊米，钱二百四十。侏儒饱后撑得要死，而臣朔吃不饱饿得要死。臣以为陛下求才，可用即用，不可用即令归家，勿使在长安索米，忍受饥饿之苦！"武帝闻言，不禁大笑，遂令他待诏金马门。金马门本在宫内，极易见到武帝，且待遇也比公车处好得多。东方朔闻命，辞谢而去。

**总结：**自古以来，有以才求仕者，有以智求仕者。东方朔属后者。他虽有些才气，但智慧更高人一筹。他恫吓侏儒，目的就是要见武帝，以摆脱困境。当见到武帝后，依他造谣惑众之行，本应治罪，但他以诙谐的语言，又如实道出了自己的处境，不仅没有被治罪，反而博得了武帝的欢心，被调往金马门待诏。这不能不说是一种处事、立身的本事！

## 3. 在保证利益的前提下，软硬兼施

如果只有一个名额，而竞争对手又很强，你也不要轻言放弃。这时，如果失去这次机会，也许你再也不会有机会了。所以，你必须说服他，满足他的其他需求，使这次机会最终属于你。

张仪继苏秦之后，向韩王游说连横政策，时值宣惠王之后襄王在位的时代。张仪得知苏秦死于楚的消息后，立刻向楚怀王展开游说，获得成功。回国后又奉命前往韩国游说韩襄王。

张仪对襄王展开一套和苏秦完全相反的论调。首先他将韩国极力地贬低，再宣传秦国是如何地强大，以达到他的目的。

“韩国是个四面环山的国家，说到农作物，也只有麦和豆。人们以豆饭和豆叶的汁为主食，遇到不作之年，甚至无糟糠可果腹。面积不足九百里。食物不够贮存到两年份，兵卒包括杂役夫、搬运夫在内，还不足30万，常备兵力不足20万。”

和前面苏秦所说的相比较，真是令人无法想象这是对同一个国家的形容词。其实他们二人说的都没错。同样状况的分析立场不同，重点也会有所差异。所以这只是他们表现的方法不同罢了。

张仪接着说：“相反的，秦国是个兵卒百万、战车千辆、骑马一万的大国，只要秦王一声令下，就有数不尽的奋战之士排列眼前。再说其他诸国兵卒作战时，需要铠甲保护，而秦的兵卒不但可赤手空拳地作战，尚有左手提敌人首级，右手捉俘虏的勇猛能力。二者一比较，有如勇士孟贲和胆小者，力士乌获和赤子的差别。以秦国如此勇猛的兵士攻打弱国，就如同石头击卵般的容易。”

张仪乘机一转，开始批评起合纵论者：“诸侯们不自觉自己兵弱粮

少，一味听信合纵论者的恭维话。他们总是主张‘只要依照我的计划，定能富国称霸’，完全没有考虑到国家的百年大计，你们如果就此听信，就是自我耽误。”

张仪继续就如何对秦出兵，会招来何种不利，说道：“如果不向秦投降，等秦占领宜阳之后，韩的土地就被孤立。秦若夺得东方的成皋和宜阳、鸿台的宫殿、桑林的庭宛也会落入秦的手中。成皋被夺或是土地被孤立，都会使得韩国一分为二。所以如果投降秦国一切平安无事，若不则有亡国之忧。”

张仪如此地向韩王施压力，最后一转又换上甜蜜的糖衣。

“秦国最大的心愿就是要削弱楚国的力量，想要达到这个愿望，首先定要和韩结盟，并非韩的势力比楚强，而是地形上的便利，如果你能帮助秦王攻下楚，秦王一定会很高兴。攻下楚国，拿到领土，韩国的灾难也解除了，这对秦对韩来说都是有利的事。今天我奉秦王的命令前来，请你作决定。”

**总结：**这真是甜蜜的饵，只是这是个既抽象，又无现实保证的蜜饵，但襄王却上了蜜饵的当，采用张仪的连横政策。

## 4. 为成就事业，该出手时必须出手

老子说过，胜人者力，自胜者强。杨坚的成功就在于早就预见，为争取帝业提前做好了物质和组织上的准备，最后果断一击，成就帝业。

杨坚取代北国，其手段是相当残忍的。他不但杀死了北周最后一个童子皇帝，而且将皇帝的所有宗亲后代全都斩尽杀绝。

杨坚取代北周，其后果又是相当积极的。他灭掉了南朝陈，结束了中国长达数百年南北分裂的历史，他励精图治，开创出了钱足谷丰的开皇盛世。

杨坚的父亲杨忠，曾跟从北周太祖宇文泰在关西起兵，太祖赐杨忠姓为普六茹氏，因此，杨坚也叫普六茹坚。北周武帝即位后，杨坚出任隋州刺史，进位大将军。后来受诏回朝，正好母亲吕氏大病三年，杨坚昼夜服侍，不离左右，被认为是大孝子。

当时，权臣宇文护特别疑忌杨坚，屡屡要杀害他，因为大将军侯伏寿等保护杨坚，才得以幸免，杨坚承袭父爵隋国公后，武帝又娉召杨坚的大女儿为皇太子妃，因而杨坚颇为周武帝礼遇。北周齐王宇文宪曾对武帝说："普六茹坚相貌不一般，每次看见他，我都有一种自失的感觉。这个人早晚必成大器，还是早点除掉为好。"武帝说："他不过是一个武将，缺少谋略，成不了气候。"内史官王轨也曾对武帝说："普六茹坚有反相。"武帝听了很不高兴，说："果真他有天命保佑，我们又能怎么样呢?"杨坚知道这些后非常害怕，经常要为自己遮掩，一点都不自在。

周宣帝即位后，杨坚的声望地位越加隆重。宣帝对他的猜疑也更厉

害。大象二年（580 年），杨坚为扬州总管，正要起身赴任时，宣帝突然得病去逝。当时的周静帝年纪幼小，不能亲自处理政事，于是内史上大夫郑译、御正大夫刘防等人谋划召一个人辅政。因为杨坚身为皇后之父，又颇得众人之心，于是郑译、刘防等人假作诏书，召杨坚入朝辅政，督都国家内外军事。

当时，杨坚假意推让，刘防对他说："如果你想做这件事，就快点做。如果不想做，那我就自己做了。"御史大夫柳裘也对杨坚说："时不可再，机不可失，现在的形势已经很明显，你应该抓住时机，早定大计。天命给你的东西你不取，反过来就要受到它的惩罚。要是你再犹豫不决，以后一定会后悔。"杨坚于是答应。

就在此时，御正大夫颜之仪与宦官谋划，召大将军宇文仲进宫辅政，宇文仲已经进到御座前。杨坚听说后，马上领着郑译、刘防、皇甫绩、柳裘、杨惠等人进到宫中。宇文仲和颜之仪等人见到杨坚，都惊慌失措，想要溜出去，杨坚趁势将他们抓了起来。

周朝的王室成员大多在朝廷之外任职，杨坚怕他们在外生乱，就假称赵王宇文招的女儿将要出嫁突厥，召诸王回朝。北周大象二年六月，赵王宇文招、陈王宇文纯、越王宇文盛、代王宇文达、滕王宇文迪等都应召回到长安。雍州牧毕王宇文贤以及赵王、陈王等五王因为天下人心都归于杨坚，于是密谋作乱。杨坚知道后将宇文贤斩首示众，同时，没有追究赵王等五王的罪过，还允许诸王可以带剑上殿，以安其心。

在此期间，外乱不息，杨坚又及时地命令韦孝宽，出兵平定了相州总管尉迟迥的叛乱，命元义平定了广陵人杜乔的变乱，命王谊平定了司马消难之乱，命贺若谊平定了荆、郢郡蛮之乱，又命梁睿讨平了王谦的叛乱。

到此为止，杨坚终于平定了内外之乱，使自己在朝廷内外的大权得以稳固。杨坚还大发惠政，法令清简，亲自带头提倡节俭，以安天下人之心。北周大定元年（581 年）二月，杨坚代周称帝，国号隋，改元开皇，终于登上了皇帝宝座。

杨坚夺取皇位，可谓费尽心机，用尽智谋。在短短的时间里，他以过人的本领平定了内外之乱，安定了众人之心，算得上是一代枭雄。

**总结：**为了成就事业，凡事要早做打算。机会总是垂青于有准备的人。

## 5. 望子成龙不如自己成龙

靠谁都不如靠自己，什么东西都是自己的好，别人有也不如自己有。

帝业也是一种事业，在封建社会，它是一些有作为的政治家一生所追求的事业。

东汉的开朝皇帝刘秀在经营事业中，是怎样利用本集团中人才的智慧增强自己的实力的呢？

王莽新朝末年，爆发了绿林、赤眉起义。其中绿林军建立了更始政权。刘秀当时作为更始政权的一员部将，率兵进攻颍川，打到父城城下。

此时，颍川父城人冯异，正担任颍川郡守的属官，与父城长苗萌共守父城。刘秀攻打不下父城，便在离父城不远的小乡中屯驻下来。后来冯异改装外出巡行下属各县时，被刘秀部下抓住。当刘秀听说冯异是个人才时，不但没有杀他，反而召见他，劝他归顺。冯异说："我冯异一人归顺将军，不能使您由弱变强，况且，我还有老母在城中。我愿意回去，用我所管辖各县之力报效您的功德。"刘秀丝毫没有怀疑，当时便答应了冯异的请求。

这次会见，刘秀的风度给冯异留下极好的印象。回去之后，他劝苗萌说："如今天下大乱，各路豪强纷起，但他们大多为横暴之人，无深谋远略，只有刘将军与众人不同，我看他言谈举止，绝非平庸之辈，我们可以归顺于他。"苗萌对冯异一向敬重，立即表示愿意从命。

后来，刘秀率兵南还，更始政权先后派过十多将领攻打父城，都未攻下。等到刘秀任司隶校尉途经父城时，冯异等立即开门迎接，成为刘秀的部下。冯异归顺刘秀后，为他的帝业经营出了不少好主意。

刘秀起兵河南，需要扩张自己的地盘和实力，多次想征略河北地区。而更始帝也多次想派刘秀去征伐河北，只是由于下边诸多将领害怕刘秀势力扩大，群起反对，更始帝也就做罢。当时曹竟在更始政权内任左丞相，其子曹诩任尚书，父子在朝中权力很大。冯异便劝刘秀卑词厚礼，交结曹竟父子。在曹诩的竭力主张下，刘秀终于被派出经营河北，获得了扩展地盘和实力的好时机。

刘秀的哥哥刘绩被更始帝杀死之后，刘秀当着更始帝的面，不露丝毫悲戚之色。而回到家里，不吃肉，不喝酒，哭湿了枕席。冯异看出了刘秀的心思，对他说："如今天下被王莽搞得生灵涂炭，人心思复旧汉。而更始政权的诸将专横暴虐，只知虏掠，百姓对其大失所望，无所依戴。您专任一方，应反行其道，施行恩德。夏桀殷纣之乱，才显示出汤王、武王之治，人们饥渴久了，什么样的食物都可用来充饥，所以这正是您施恩树德的好机会。您应赶快派出官员，到所属郡县，处理冤情，安抚百姓。"刘秀认为他的话很对，便派人到所属郡县，查验囚徒，平冤理屈，抚慰孤寡，招纳亡命。

经过苦心经营，刘秀终于在河北地区，造就了自己的地盘和势力，河北高邑也成了刘秀的登基之处，成为刘秀帝业的一块基石。

由布衣到帝王比权臣到帝王的经历要复杂、曲折得多，用句通俗的话讲叫"赤手空拳打天下"。

"赤手空拳"是就其起点而言，一种事业的成功，不可能靠赤手空拳和孤家寡人，它必须经过从无到有的过程。

我们看看朱元璋是怎样成就自己的帝业呢?

至正二十年（1360年），朱元璋借群雄并起之势，一举攻取了元军占领的浙东一带，但羽翼渐丰的朱元璋深知：欲称霸天下，没有像张良、萧何这样的高人辅佐自己是不行的。于是他开始四处觅求良才。当时浙东有些名门望族，因为战乱躲进深山，迟迟不肯出来。其中不乏有许多深怀韬略之士，有的还是一代名儒。最出名的是四个人：刘基、宋濂、章溢、叶琛。

刘基，字伯温，中过进士，是四人中的佼佼者。一次，他邀了两三个知己一同游西湖，见西北方向有异云突起，大家都以为此云预示什么喜庆，纷纷准备要赋诗祝贺。惟有刘基一人只顾喝酒，全然不去理睬，还大言不惭地自夸了一句："天子之气，十年后应验在金陵，我当去辅佐。"别人不以为然，只有一位叫赵天泽的觉得他不同凡响，认为他是诸葛孔明式的人物。

朱元璋听说后，急忙派人带着重金和书信，前去聘请。没想到，刘基等人却以老或病为由不肯出山。朱元璋并不罢休，三番五次致上言辞肯切的书信，不厌其烦地派人去请。这四人经不住多次相顾，又看出朱元璋的确是个明主，便答应出山辅佐。

这年的三月，他们来到建康。朱元璋一听大喜，特地盖了一座礼贤馆来安置他们，真是恩宠有加。他还选了吉日，在中书省设了御座，欲行大礼。觐见时，惟独刘伯温不肯拜礼，摆出一幅不以为意的样子。朱元璋向他讨教安邦定国之计时，更是顾左右而言其他，大谈"天命"一类的事，弄得朱元璋如坠五里雾中。

其实，刘伯温对安天下之计，早就胸有成竹，一见面时，便曾呈上论时事要策十八条。这么做无非是卖个关子，看一看朱元璋的城府。他见时机成熟，就和盘托出了自己的锦囊妙计："明公占据金陵，大得地势，但东南有张士诚，西北有陈友谅，是明公的心头大患。我为明公设计，须扫除二寇，方可北定中原。"

朱元璋听完不觉紧皱眉头，说："这两人势力不弱，如何才能剿灭他们呢?"

伯温答道："御敌一定要分轻重缓急，用兵讲究先后秩序。张士诚目光短浅，守住自己的地盘就知足了，不足为虑。陈友谅兵多将广，又劫主以号令天下，无一日不觊觎我金陵，应先集中优势兵力歼灭他。陈氏一旦灭亡，张士诚势孤力单，岂不不攻自灭？这两股强劲的势力被消灭后，攻占中原，一统天下也就指日可待了。”

朱元璋听后喜颜悦色，连声说道：“先生真如诸葛孔明，有雄才大略，很是佩服，此后行军打仗，全仗先生指导！”

这时，恰逢陈友谅攻陷太平，继而又要挥兵东下，直逼应天，大有吞灭朱元璋之势，气焰十分嚣张。大敌当前，朱元璋营中人心惶惶，一片纷乱嘈杂。众将争相献计献策。逐渐两种意见占了上风：一种主张投降陈友谅，保全自己；另一种提出逃到钟山一带据守，将来再卷土重来。朱元璋扫了一眼在座的刘伯温，只见他双目圆睁，却一言不发，不觉心里思忖：“先生究竟是何打算？”便示意他到内帐来商议。

伯温一进帐中，不等朱元璋开口，就厉声说道：“主张投降和逃跑的，都应立即斩首，以安军心！”朱元璋不觉内心窃喜：英雄所见略同。进而又探问道：“先生有何御兵之计呢？”伯温不加思索地说：“骄兵必败，陈贼犯了兵家大忌！可诱敌深入，埋下伏兵，打他个措手不及。如果打胜这一仗，可以上应天道，下得民心，从此天下归顺，霸业可成。”朱元璋依计行事，果然大破陈友谅，随后又亲率大军攻打安庆，刘伯温出奇兵袭江州，直捣陈友谅的老巢，逼迫陈友谅仓皇出逃。他出山后第一次用兵，就为朱元璋开创帝业奠定了基础。

不久，刘伯温的母亲去世，他不得不暂辞朱元璋回乡里居丧。但每逢军机大事，朱元璋或登门造访，共商对策。或通过信使来传递帷幄之计，然后才取得了一连串辉煌的战绩。

至正二十三年（1363 年），安丰危急，朱元璋准备亲率大军救援安丰，刘伯温力劝他不要轻举妄动，小心受到陈友谅等人的夹击，但朱元璋执意不听。果然在进军安丰时，陈友谅乘机倾巢而出，围住洪都，险些使其遭至灭顶之灾。朱元璋追悔莫及说：“不听先生的话，几乎误了大事！”只好率部去救援洪都，正好与掉头的陈友谅相遇，不得已在鄱阳湖展开了大决战。

战斗打得异常激烈。一天，朱元璋正坐在胡床上督战，刘伯温侍立在一旁。酣战之际，只见刘伯温突然跃起大叫，让朱元璋赶快跳到别的战船上去。朱元璋一边迷惑不解，一边仓促地跳到另一条船上。尚未坐定，一发呼啸着的火炮弹飞来，击中他们先前坐的那条船。

那边陈友谅一见，喜不自胜，以为朱元璋已葬身湖底，但刚要令全军冲杀之时，却看到朱元璋神态自若地坐在战船上，不禁大惊失色，以为朱某有神助之，他率领的汉军更是乱作一团，溃不成军，惨败而去。后来，刘伯温又献上妙策，派兵封锁住湖口，扼死了敌人的归路，纵火烧船，使汉军死伤大半。不久，伤了元气的陈友谅，便在逃跑的路上一命呜呼了。

消灭了陈友谅，朱元璋很快又打败了张士诚，随即北伐中原，终于成就了帝业。如此白手起家的例子，南北朝时期的萧衍算一个。

萧衍是南朝梁的开国君主，是南兰陵人。南齐隆昌元年（494 年），萧衍被任为宁朔将军，镇守寿春。建武二年（495 年），因抗击北魏军有功，被任为右军晋安王司马、淮陵太守。以后又为太子中庶子，领羽林监。建武四年（497 年），北魏军南伐雍州，萧衍受命领兵赴援，进至襄阳。同年 7 月，被授为持节，都督雍、梁、南秦、北秦四州及郢州之竟陵司州之随郡诸军事、辅国将军、雍州刺史，镇守襄阳。

这时，齐明帝萧鸾病死，其子萧宝卷继位。萧宝卷昏庸狂虐，无德无能，终日享乐，朝中大事均由始安王萧遥光、尚书令徐孝嗣、尚书右仆射江祏、右将军萧坦之、侍中江祀、卫尉刘暄等人处理。萧遥光等人号称“六贵”，也不以国事为重，为一己之私利互相争夺倾轧，朝中政治极度昏乱腐败。萧衍在襄阳，听到朝中的情况，预感到南齐的寿命不会太长了，就对亲戚张弘策说：“政出多门，是国家大乱的开始，《诗经》说：一国三公，吾谁适从？如今国家有六贵，这怎么得了！我料想，他们六贵矛盾，一定会激化到大动干戈的地步，而襄阳远离国都，正是避祸的好地方。但我的弟弟们都在都城，恐怕他们会遭到祸患。我得和益州刺史商议一下。”

萧衍所说的益州刺史，指的是他的哥哥萧懿。正巧，萧懿离益州刺史暂时管理郢州事。郢州在今武汉市，从襄阳沿汉水可直达武汉。萧衍便派张弘策至郢州，给萧懿送去一封信，信中说：

“想当初西晋惠帝时，八王作乱，遂致国家内难九兴，外寇三起。如今六贵争权，人握王宪，制主画敕，各欲专威，睚眦成恨，必自相屠戮。不但如此，新主萧宝卷早在当太子时就亲信左右，凶残无比，如今登上帝位，正想纵其所欲，岂肯虚坐主位，委政于权臣。他们君臣之间猜忌到一定程度，也将大诛大杀。如今六贵，萧遥光图谋称帝，形迹已现。但这却如同跛子上天，绝无可能。江祏怯而无断，刘暄弱而不才，他们在互相倾轧中迟早会被搅成肉酱。萧坦之心怀猜忌，徐孝嗣毫无主见，所以一旦乱起，必将朝野土崩瓦解。

我们有幸远离京师，领兵外镇，可以保全自身，图谋大计。我们应乘朝廷对我们猜防未生之时，将诸弟召集在一起。否则，一旦朝中对我们猜疑，诸弟们在京师则拔足无路。如今，兄在郢州，控带荆湘，弟在雍州，士马数万，在此政昏朝乱之际，正好以此为据以图大事。如果坐失良机，悔之晚矣。”

萧懿见信，脸色大变，他不愿意萧衍这样做，因为这会召来灭门大祸。萧衍见哥哥不从，便独自将弟弟萧伟、萧儋迎至襄阳，并秘密制造武器，扩集兵马。他还在襄阳大伐竹木，将其沉于檀溪之中，以备将来之用。

萧懿不听萧衍劝告，入朝作了太子右卫率、尚书吏部郎、卫尉卿。永元二年（500年），相继发生了裴叔业、崔慧景反叛之事，萧懿带兵平定了叛乱，为朝廷立有大功。但功高不但未赏，反而受到猜忌，这年冬天被杀。

萧懿被杀，既证明了萧衍预见的准确，也为萧衍起兵提供了机会。萧衍及时抓住了这个机会，在与亲信吕僧珍、柳庆远、吉士瞻等人谋后，便召集部众，誓师起兵。萧衍对僚佐们说："如今昏主恶稔，穷虐极暴，无端杀害朝中贤士功臣，令生灵涂炭，民不聊生，为天所不容。你们大家与我同心疾恶，共举义兵，事成之后，就是我的公侯将相。只要你们效力建勋，我决不食言。"誓师之后，萧衍令人把竹木从檀溪中打捞出来，做成战舰千艘，又召集甲士万余人，起兵讨伐萧宝卷。在杀掉萧宝卷后，萧衍又立了傀儡皇帝萧宝融，一年之后，又将他废掉，自己亲登帝位，建立了梁朝。

善经营者，睹事于未萌，所以能未雨绸缪，处处主动。

**总结：**刘秀、朱元璋、萧衍都是因为早就预见到争取帝业的时机将要到来，才提前做了物质、组织上的准备，终于成就帝业。这足以说明，"预则立，不预则废"是千真万确的。胸怀大志的人从不甘于仰人鼻息、受制于人，他们总是未雨绸缪，广结人脉，一旦时机成熟便一击取胜。

## 6. 若将取之，必先予之

要想让你的人为你工作，并且最大限度地发挥他们的能力为你创造价值，那只有一种办法——给他们想要的东西。而不是用枪逼着他们，用炒鱿鱼的办法来威胁他们为你工作，这些粗陋的办法只能造成相反的效果。

美国年收入超过百万美元的查理·夏布是一位成功的商人。1921年，安德鲁·卡耐基独具慧眼，提名夏布为新成立的“美国钢铁公司”第一任总裁时，夏布才38岁（夏布后来离开了“美国钢铁公司”，接管当时陷入困境的“贝氏拉罕钢铁公司”。经过他的重新部署，果然使这家钢铁公司变为全美获利最大的公司之一）。

为什么安德鲁·卡耐基每年要花100万美元聘请夏布先生呢？这几乎等于每天支付3000多美元。难道夏布先生确实是个了不起的天才？还是夏布先生对钢铁生产比别人懂得多？这都不是。其实，在他手下工作的许多人对钢铁制造都比他懂得多。夏布说他之所以获得高薪，主要是因为他善于处理人事，管理人事。他曾经这样感慨地说：

“我想，我天生具有引发人的热情的能力。促使人将自身能力发展到极限的最好办法，这就是赞赏和鼓励。

“来自长辈或上司的批评，最容易丧失一个人的志气。我从不批评他人，我相信奖励是使人工作的原动力。所以，我喜欢赞美而讨厌吹毛求疵。如果说我喜欢什么，那就是真诚、慷慨地赞美他人。”

这就是夏布成功的秘决。但是，一般人是怎么做的呢？正好相反，假如你不喜欢一件事，必定对下属大吼大叫，如果喜欢就默不作声。

“生活中，我广泛接触过世界各地不同层次的人。”夏布这样说过，

“我发现，无论多么伟大或尊贵的人，他们和平常人一样，在受到认可的情况下，比在遭受指责的情况下，更能奋发工作，效果也更好。”

约翰·洛克菲勒成功管理人事的首要秘决也是真诚的赞赏他人。爱德华·贝德福特是洛克菲勒的合伙人之一，在南美的一次生意中，他使公司损失了100万美元。洛克菲勒当然可以指责贝德福特，但是他并没有这样做，他知道贝德福特已经尽力了——再说事情已经发生并过去了。所以洛克菲勒另找其它的事称赞贝德福特，说他节省了60%的投资金额，“这太好了，”洛克菲勒赞美说，“我们并不能总是像巅峰时期那么好。”

要想索取，就必先给之。要想让你的员工死心踏地的为你工作，就必须满足他们的欲望。要分析他们需要什么，你需要什么，才能从根本上调动他们的积极性。

每个人都渴望得到别人的赞美，得到他人的认可，都渴望自己是最重要的。获得权威，也是人类的一种天性。

当拿破仑创立荣誉队时，共颁发了1500枚十字徽章给他的士兵，提升他的18位将军为“法国大将”，称他的部队为“大军”，人们都说他孩子气。

拿破仑还给老练的精兵一些“玩物”，受人批评，而他却回答：“人们本来就受着玩物的统治。”这种授衔和权威的办法对拿破仑有效，对你也同样有效。

在中国古代善于用人统兵治国的比比皆是。北宋的沈括身为文官，由于出任河北西路察访使当时表现非凡的治军才能，所以皇上不仅大加赞赏，还授于他一定权力，致使边防更加稳固。

沈括为加强士兵的训练，他想出了一个办法。

沈括一到延州，便拿出皇上赏赐给他的钱举办酒宴，并举行骑射比赛。沈括声明，凡是才能超群，箭法出众的，他都要亲自去敬酒以示慰劳。于是，延州的百姓纷纷拿弓带箭，争先恐后地参加比赛。酒宴结束时，沈括宣布，这样的比赛日后还要举行。于是，边境上的百姓欢欣鼓舞，纷纷习武练箭。第二年，沈括便得到能射穿铠甲、跳上战车的壮士1000余人。沈括将这些人补充到中军作义兵。自此，沈括的声威在边境上传开了。

一次，边境上的军队打了胜仗，宋神宗两次下诏予以赏赐，但只有中央禁军没有地方镇兵的。沈括接到诏令后，感到这样不好，便将皇上的诏令收起来，然后以朝廷的名义，给地方镇兵颁发了几万的赏钱。宋神宗得知后，不但没有怪罪，还大加嘉奖，并且又授予他一定的权力。

授权后的沈括，更是以身作责，忠心耿耿。对待部下既能做到军纪严明，又关怀备至，大大提高了部队的战斗力。很快边防的混乱局面被平定下来。

皇上对沈括的授权，沈括对士兵有功必赏，自然士兵会为沈括卖力，沈括更是孝忠皇帝。自己的价值得到别人的认可，自然主动性就发挥到了极限。

有一位夫人为了不让孩子们踏坏她的草地，费尽了心思。她试过批评的办法，也试过利诱的手段，但都无效果。后来，她想到了一种绝妙的办法，她试着给孩子群中最坏的一个人授于一个头衔，让他获得一种权威，叫他做她的“侦探”，让他管理草坪，不准有人侵入她的草地，谁知这样问题就解决了。她的“侦探”在院生了一把火，把一根铁条烧得红热，恫吓要烫坏任何践踏草地的孩子。

可见，在管理属下时，授予他权力，才能把被动变为主动，这也是人事管理中重要的因素之一。

让他人不断面临挑战，在人事管理中不失为一种良策。上面提到的沈活利用比赛的办法，来提高士兵的射箭能力，就是很好的一个例子。让他们不断面临挑战，激起他们取胜的欲望，给他们提供一种表现自我，证明自身价值的机会，难道还发愁你下达的任务完不成吗？下面这个例子就很能说明这个问题。

斯瓦伯手下有一位厂长，厂里的人总是不能达到生产指标。

“怎么回事?”斯瓦伯问道，“像你这样能干的人，为什么不能使工人完成规定的生产指标呢?”

“我不知道。”这人回答说，“我曾哄诱他们，也曾强迫他们，或是起誓责骂，甚至以开除来恫吓他们，但怎么做也不生效，他们就是不愿干活。”

这一天，正巧太阳西落的时候，夜班工人来到厂里。

“给我一支粉笔，”斯瓦伯说，然后他转向最近的一个人“你们这班，今天做了几个单元?”

“6 个。”

斯瓦伯在地板上写了一个大大的“6”字之后，一言未发地走开了。当夜班工人进来时，他们看见这个“6”字，就问是什么意思。

“公司老总今天来这里了。”白班的人说，“他问我们做了几个单位，我告诉他 6 个，他就在地板上写上了这个 6 字。”

次日早晨，斯瓦伯又从这厂中走过来，夜班已将“6”字除去，换上个大“7”字。下一天早晨白班的工人来上班的时候，他们看见一个大大的“7”字写在地板上。夜班以为他们比白班好，是不是?好了，他们要给夜班点颜色。他们热心地加紧工作，下班前，他们留下了一个神气活现的大“10”字。情形逐渐好起来了。不久这个一度生产落后的厂，比公司里别的工厂产出还多。其中的道理是什么?

“要做成事情的办法，”斯瓦伯说，“是激起竞争。我的意思不是勾心斗角的竞争，而是相互取胜的欲望。”

沈括与斯瓦伯在用人上，真是有异曲同工之妙。看来无论是中国，还是西方国家，在用人上都是抓住人本身所固有的东西，然后进行激发和引导。

中国自古就很重视人才的利用，深知得人才者得天下。春秋时郑国的子产在这方面表现出了超人的智慧。他让一个叫伯石的人，为国家办一件事，在让其办事之前，先给了他一座城邑作领地。因为子产清楚地知道：人和人不一样。像伯石这样的人，指望他没有个人欲望是困难的。满足他的欲望就会使其因所办之事成功，因而对国家有益。再说，城邑终归是国家的，也不会被搬走。

秦末韩信率军在河北大破赵军，并俘获了广武君李左车。韩信并未因李左车是败军之将而对他加以轻视。相反，他了解到在赵军与自己作决战前，李左车曾向赵王进献过足以置自己死地之策，只是赵王没有采纳，因此对李左车更加重用。这种不以成败论人才的做法对今天仍具有启发意义。

西汉昭帝时，大将军霍光辅政。上官桀欲陷害霍光，便假冒燕王刘旦之名，派人给昭帝上疏，弹劾霍光离开都城校阅羽林郎用天子仪式，又说他擅调幕府校尉，图谋不轨。不料昭帝认为此奏本系人假托燕王之名伪造的，霍光无罪。其理由是：将军重权在握，如有异谋，何必需用校尉。这件事告诉我们，对所用之人的处理一定要谨慎。否则，将铸成大错。

在古代的用人之道中，像李渊的“使功不如使过”，在人性的把握上可谓是大智。对犯错的人宽而容之，信而任之，使而用之，就可以使他以一种感激之情，十倍的努力，发挥自己的聪明才智，将功补过，从而最大限度地发挥自己的积极性。

**总结：**用人之道可谓博大精深，大智大慧。要想让你的属下为你卖命，就要了解他，分析他，满足他。如何做到发自内心，事出自然？值得玩味。